5 DICAS PARA COMEÇAR

1) CÓMO RESOLVER LAS SOPA DE LETRAS

Os puzzles têm um formato clássico:

- As palavras estão escondidas sem espaços ou hífenes,...
- Orientação: As palavras podem ser escritas para a frente, para trás, para cima, para baixo ou na diagonal (podem ser invertidas).
- As palavras podem sobrepor-se ou intersectar-se.

2) APRENDIZAGEM ACTIVA

Ao lado de cada palavra há um espaço para anotar a tradução. Para encorajar a aprendizagem activa, um **DICIONÁRIO** no final desta edição permitir-lhe-á verificar e expandir os seus conhecimentos. Procure e anote as traduções, encontre-as no puzzle e adicione-as ao seu vocabulário!

3) MARCAR AS PALAVRAS

Pode inventar o seu próprio sistema de marcação - talvez já use um? Pode também, por exemplo, marcar palavras difíceis de encontrar com uma cruz, palavras favoritas com uma estrela, palavras novas com um triângulo, palavras raras com um diamante, e assim por diante.

4) ESTRUTURANDO A APRENDIZAGEM

Esta edição oferece um **CADERNO DE NOTAS** prático no final do livro. Nas férias, em viagem ou em casa, pode facilmente organizar os seus novos conhecimentos sem a necessidade de um segundo caderno!

5) JÁ TERMINOU TODAS AS GRELHAS?

Nas últimas páginas deste livro, na secção **DESAFIO FINAL**, encontrará um jogo gratuito!

Rápido e fácil! Consulte a nossa colecção de livros de actividades para o seu próximo momento de diversão e **aprendizagem**, a apenas um clique de distância!

Encontre o seu próximo desafio em:

BestActivityBooks.com/MeuProximoLivro

Aos vossos lugares, preparem-se...Vão!

Sabia que existem cerca de 7.000 línguas diferentes no mundo? As palavras são preciosas.

Adoramos línguas e temos trabalhado arduamente para criar livros da mais alta qualidade para si. Os nossos ingredientes?

Uma selecção de tópicos adequados à aprendizagem, três boas porções de entretenimento, e depois acrescentamos uma colherada de palavras difíceis e uma pitada de palavras raras. Servimo-los com amor e máximo divertimento, para que possa resolver os melhores jogos de palavras e se divirta a aprender!

A sua opinião é essencial. Pode participar activamente no sucesso deste livro, deixando-nos um comentário. Gostaríamos de saber o que mais lhe agradou nesta edição.

Aqui está um link rápido para a sua página de encomendas:

BestBooksActivity.com/Avaliacoes50

Obrigado pela vossa ajuda e divirtam-se!

A Equipa Inteira

1 - Dirigindo

```
И  Ы  Б  Ж  Ж  Г  Ж  Щ  Б  Ю  К  Ъ  У  Р  А  И
Ъ  О  П  Ь  Щ  Н  А  В  А  Р  И  Я  Г  Ч  В  Е
Ч  М  П  Я  Ь  Л  Е  Н  Н  У  Т  Я  Ъ  И  Т  И
Щ  О  Ф  А  З  О  М  Р  О  Т  Р  И  И  Е  О  Ж
П  Т  Ь  Т  С  О  Н  С  А  П  О  З  Е  Б  М  П
Р  О  Т  Р  И  Н  Ч  Я  Ц  У  П  Н  И  М  О  Ь
Ю  Р  С  А  Е  А  О  Н  Е  А  С  Е  Н  Ь  Б  П
Ф  Ф  О  К  В  Ы  Р  С  Ц  У  Н  Ц  Е  У  И  Ж
Е  П  Н  Д  П  Д  Х  А  Т  О  А  И  Ж  Ь  Л  М
Л  Ю  Ж  Ц  Р  О  Т  П  А  Ь  Р  Л  И  Я  Ь  В
А  Т  О  Ф  Ц  Х  Л  У  М  Ю  Т  У  В  Г  Ц  Ь
Г  А  Р  А  Ж  Е  Л  И  Ж  Ф  Г  Щ  Д  В  Л  О
О  Ц  О  Р  М  Ш  К  И  Ц  И  Х  А  К  Ч  Ю  Ы
Р  И  Т  Ы  Ф  Е  У  Г  Ь  И  А  Ч  З  И  Ю  Л
О  Л  С  Т  О  П  Л  И  В  О  Я  Я  В  Г  О  С
Д  У  О  Ю  Е  Е  Р  К  М  О  Т  О  Ц  И  К  Л
```

АВАРИЯ	МОТОЦИКЛ
АВТОМОБИЛЬ	МОТОР
ТОПЛИВО	ПЕШЕХОД
ОСТОРОЖНОСТЬ	ОПАСНОСТЬ
ДОРОГА	ПОЛИЦИЯ
ТОРМОЗА	УЛИЦА
ГАРАЖ	БЕЗОПАСНОСТЬ
ГАЗ	ТРАНСПОРТ
ЛИЦЕНЗИЯ	ДВИЖЕНИЕ
КАРТА	ТУННЕЛЬ

2 - Antiguidades

```
Х Щ С Р Ш Ь Р И М Е Б Е Л Ь Ь Ж
С Т И Л Ь А П Н Д Б Я Д Ж Ц Ь Б
Ф К Е В Й Ы Н В И Т А Р О К Е Д
Б А К С В Ю Я Е Р Е Л А Г Ц П У
Б Ч Щ Е Т Е Д С Ц С Т А Р Ы Й К
Д Е Е Л О Г Ы Т С А И З У Т Н Э
К С Х Ш Ь Ц Б И К В А Р В Н Ц С
А Т П Д Б Н Г Ц С Н П Ъ К Е Е Г
У В Ю Н У С Щ И Б У У Д Х О Н П
К О Щ Л О С Ц И Ы Г М П Щ Б Н У
Ц Д Е С Я Т И Л Е Т И Я М Ы О Н
И Э Л Е Г А Н Т Н Ы Й Я О Ч С О
О И С К У С С Т В О Х Ш Н Н Т Е
Н С К У Л Ь П Т У Р А М Е Ы Ь Т
А У Т Е Н Т И Ч Н Ы Й Р Т Й Х Х
С Л Л И Р Щ Ю Ы Ъ Ю А Х Ы С К Н
```

ИСКУССТВО	ИНВЕСТИЦИИ
АУТЕНТИЧНЫЙ	ПУНКТ
ДЕКОРАТИВНЫЙ	АУКЦИОН
ДЕСЯТИЛЕТИЯ	МЕБЕЛЬ
ЭЛЕГАНТНЫЙ	МОНЕТЫ
ЭНТУЗИАСТ	ЦЕНА
СКУЛЬПТУРА	КАЧЕСТВО
СТИЛЬ	ВЕК
ГАЛЕРЕЯ	ЦЕННОСТЬ
НЕОБЫЧНЫЙ	СТАРЫЙ

3 - Churrascos

```
С А Л А Т Ы О Б Ы Р О Д И М О П
Ф П Ь С Р Ф П В Е Г И Б М Ф К Л
П С Т Ц Я Р Ц М О Л Н Ь Е Я Ь Е
Ъ Ъ Ч В О У А Щ Г Щ О Р Л Д Ы Т
Р Ф Т П С К Ь С О Ю И П Ю В Д О
Ш С Ю И Е Т К Л У К Г О Л О Д Ю
И Б К Ъ М С Ц А П Ь Щ П П Е Ф Т
Р Д О И Ь Ъ Щ Ю М У З Ы К А Ю Ь
Х Я К Ф Я Щ Ъ Ц Р Т С О Л Ь К Т
Р С Й Р Ц Ц Ч Ж Я С У А Д Ф Ж Ю
Ь О И Ж О Н Б Ъ М Ъ О Р А У Л Н
Ь О Ч Т В И Н М Ч С С У Ц У Ы И
Н А Я Ш Е И Н Е Ш А Л Г И Р П Г
П Е Р Е Ц Д Ч Я Л Ж Ы В Р Х Н Р
А Щ О Х Ш Щ Р У М Ы Х Т У К М Ы
К Н Г Г Р И Л Ь М Ф Щ Б К Ш Т Е
```

ЛУК	ИГРЫ
ПРИГЛАШЕНИЕ	ОВОЩИ
ДЕТИ	СОУС
НОЖИ	МУЗЫКА
СЕМЬЯ	ПЕРЕЦ
ГОЛОД	ГОРЯЧИЙ
КУРИЦА	СОЛЬ
ФРУКТ	САЛАТЫ
ГРИЛЬ	ПОМИДОРЫ
ОБЕД	ЛЕТО

4 - Pesca

```
П С Е З О Н П Д Т Г К Г С К Ц П
Г Р Ц Ъ Г Р А Л П Щ Ю П Я Ж Ж Р
У Ц Е Р Е К А О Я П Р О В О Д И
Е Ъ И У Ц П К К К Ж К А С Л Щ М
Ч Т Н Ъ В Ч Д Е Ч Е Л Ю С Т Ь А
В Е А Х Л Е О А Н И З Р О К Ы Н
О Р В Ъ У Б Л Н Н Е П Ц А М Н К
Д П О Я Б К Ч И Ы Ю В Е С Е С А
А Е Д Ж Ъ Т Ю Я Ч Ъ Ж О С Ы Т А
В Н У У Н К П К Ь Е Ц В Ь Г А Ь
Л И Р Н Ф Ъ С И К И Н В А Л П М
Щ Е О П Ю Ц О Ъ Л Г Я И В В И Х
Т Щ Б О П Ф Ц З М П Д Г Е О У А
Б Ы О В А Б Ш Ю Е У Щ С Ъ Н Ь Ы
Т Х Я А Ф К В А Л Р Ю Я Р Я К Ц
Ч Г Щ Р Ф Ж А Б Р Ы О Т Ь И Щ М
```

ВОДА	ПРИМАНКА
ПЛАВНИКИ	ОЗЕРО
ЛОДКА	ЧЕЛЮСТЬ
ЖАБРЫ	ОКЕАН
КОРЗИНА	ТЕРПЕНИЕ
ПОВАР	ВЕС
ОБОРУДОВАНИЕ	ПЛЯЖ
ПРЕУВЕЛИЧЕНИЕ	РЕКА
ПРОВОД	СЕЗОН
КРЮК	

5 - Geologia

```
Ц К И С Л О Т А В А Л Б З К С С
Х Л Ь Л О С Ы Р Щ Н П И Е Р У Л
Ю Ъ Н Е С Л С Е Ч О Ы В М И Ц О
С О Е Т Б Л О Щ Ш З Щ Э Л С Х Й
Ж Т М Ь Ч У С Е Ю Щ Т Р Е Т С И
Ч А А Ь А А А П Ю Н Д О Т А Т С
Ю Л К Л К А Л Ь Ц И Й З Р Л А К
К П М С А Р Д Н Ц С Х И Я Л Л О
О О Ч И Ч К К П Ю Г Д Я С Ы А П
Р Я Н Ж Н Л Т В Н Р Д Ы Е Я Г А
А Т Л С В Е Т И А М Я Л Н Б М Е
Л Ч Б О У Ъ Р Л Т Р Щ Р И Н И М
Л Ч Т Г Л И Е А Р Н Ц И Е Л Т О
П С В У К Д Г Ю Л В Г Ч Я С Ы Е
Ь И Л Ш А Н А С Ь Ы Д Ю С С Щ К
И Р Ь Д Н К О Н Т И Н Е Н Т Ы Щ
```

КИСЛОТА	ИСКОПАЕМОЕ
СЛОЙ	ЛАВА
ПЕЩЕРА	МИНЕРАЛЫ
КАЛЬЦИЙ	КАМЕНЬ
КОНТИНЕНТ	ПЛАТО
КОРАЛЛ	КВАРЦ
КРИСТАЛЛЫ	СОЛЬ
ЭРОЗИЯ	ЗЕМЛЕТРЯСЕНИЕ
СТАЛАКТИТ	ВУЛКАН
СТАЛАГМИТЫ	ЗОНА

6 - Tempo

```
Р М А Ы Л Д Ч Е Т Ш И Ч Л Д Д Т
П Я Р Ю П Л Н А М А У М А Ъ Е М
Е С Е Г О Д Н Я С Е Е Щ В П С О
Ъ Ь Ч О Н Г Д Г А Ы С Щ Т О Я М
В Ъ В Р Щ Ю Р Я Ч Ь К Я Н Л Т Е
М Ъ Е Т Б Т К Б В Ж Г Л Ц Д И Н
Р К К У М А Т У Н И М Е Л Е Л Т
Ч Б Е Я Ъ Я И Д Г О Д Д Ь Н Е Д
Ш Щ В Ж Ф В Я У Ъ Д У Е Т Ь Т Щ
Г Ы Т К Е И Т Щ Т Д Д Н П Ф И М
С В Р Ю Ы Г У Е А Я К Ж Ц Ъ Е У
Ы О А С Ъ В О Е П Ь У К Ч П Д Ю
Е Х Ы Я Ы О Я Д С Е Й Ч А С И С
К Х Г Н Н Е Б Б Н Е Л Ц Ф Ы У
К А Л Е Н Д А Р Ь Ы Е У Г Ь Ц К
В Р Ы Ф Г С Ш У Ъ У Й В Л Ъ Ь Р
```

СЕЙЧАС	УТРО
ГОД	ПОЛДЕНЬ
ДО	МЕСЯЦ
ЕЖЕГОДНЫЙ	МИНУТА
КАЛЕНДАРЬ	МОМЕНТ
ДЕСЯТИЛЕТИЕ	НОЧЬ
ДЕНЬ	ВЧЕРА
БУДУЩЕЕ	ЧАСЫ
СЕГОДНЯ	НЕДЕЛЯ
ЧАС	ВЕК

7 - Astronomia

```
Ф Л Ы Х С С Ы В Ь Н П Ж Я П В Ш
Ю Н Ж Ж О О О С Е Е Ж Л Р Л С Ь
Ь Д С И З Я М Л Б Б Ш Я А А Е Ы
Х К П Н В Ь Б С Н О О Ы К Н Л Р
Ь Я Л М Е З С Ъ О Е С Ч Е Е Ы
Т Ц Ъ М З Л С Л У К Ч Ш Т Т Н В
В Ф И Ж Д Ч Л Ш Щ Я Н А А Н Х
А Д У Д И О Р Е Т С А К Ы В А Е
Н Ь Р В Е И Н Е М Т А З Р Й Я Ы
О Р А В Н О Д Е Н С Т В И Е Ф Н
Р О Е Т Е М Г Р А В И Т А Ц И Я
Т У М А Н Н О С Т Ь Ю Л В Н Ф Т
С С В Е Р Х Н О В А Я О Р Х У Г
А А С Т Р О Н О М Е Б Ш П У Ж Л
О Б С Е Р В А Т О Р И Я М Г Ж Н
М И З Л У Ч Е Н И Е Ч А Ф Ч О С
```

АСТЕРОИД	ЛУНА
АСТРОНАВТ	МЕТЕОР
АСТРОНОМ	ТУМАННОСТЬ
НЕБО	ОБСЕРВАТОРИЯ
СОЗВЕЗДИЕ	ПЛАНЕТА
КОСМОС	ИЗЛУЧЕНИЕ
ЗАТМЕНИЕ	СОЛНЕЧНЫЙ
РАВНОДЕНСТВИЕ	СВЕРХНОВАЯ
РАКЕТА	ЗЕМЛЯ
ГРАВИТАЦИЯ	ВСЕЛЕННАЯ

8 - Acampamento

```
В Ф П О Ж Ш Б П У О О И Ж Р Ь Т
Е О М О К Е С А Н Б Х Ю Ц Д Н Л
Б Н Ж К Ц В Ъ Г Р К Ы О Ц Д П Е
М А Б И А К В Е Р Е В О Т Л Р С
Ы Р Ъ Ь В Н Г О Р А П Б П А И О
В Ь Н О Ш О О Л У Н А О А Т Р Т
Ы Щ О Г Л Ж Т Э Т С Я Р Л Р О Н
Ф Ш Ж О Я К Б Н Ь Б Ь У А А Д Д
И Ж О Н П О М Е Ы Ф У Д Т К А Ч
Ж Б Щ Ь А М Н Щ О Е В О К Ч Ж Я
О З Е Р О П Д Б И Ь М В А О О П
Г А М А К А У С Ц Ъ А Щ Х Л Щ
И И Ф Я Х С Н М Д А М Н Ч О Ц Е
П Р И К Л Ю Ч Е Н И Е И Ю Ф Я Ы
Ц Ы О И Д Е Р Е В Ь Я Е Д Т В Я
И С Ж В Ъ Г Х С Н Г Щ Д О И Е Ь
```

ЖИВОТНЫЕ	ОГОНЬ
ПРИКЛЮЧЕНИЕ	НАСЕКОМОЕ
ДЕРЕВЬЯ	ОЗЕРО
КОМПАС	ФОНАРЬ
ОХОТА	ЛУНА
КАНОЭ	ГАМАК
ШЛЯПА	КАРТА
ВЕРЕВКА	ГОРА
ОБОРУДОВАНИЕ	ПРИРОДА
ЛЕС	ПАЛАТКА

9 - Emoções

```
Р А Д О С Т Ь Н Е Ж Н О С Т Ь Ж
Л П П О Ж Ш П Ф Р К Т Ъ Г С Г Б
П Щ К В Д Ю В Д Б Г Д Х Ф С Р Д
Е Х Ж Т Л Х У Ч С К У К А В Х Ю
П Д Й С Е Б Щ П Л Ж В Ш В Р М П
Ж Й Ы Н Н Е Л Б А Л С С А Р Т Ч
Л Т Н Е Е И В Т С Й О К О П С С
Х Щ Р Ж Л Ю Б О В Ь Д Ж Ч Я К Р
С М А А Л К А Ш Х Н Е Л О В О Д
У Л Д Л П Ы Ч Б П Ш Р Я Ч Д Ы Ж
К В О Б П Д О Б Ы Я Ж И Ш Ъ Е С
В А Г М Ц Н Ж Я И Т А П М И С С
Ъ Щ А Щ Н Д Ь Й Ы Н Н Е Щ У М С
Ъ Ь Л А Ч Е П А У Е И Ф Г Н Е В
Ю Ф Б А Р Н Ы Ъ Л Я Е Ф Я В Д Л
Д О Б Р О Т А С П О К О Й Н Ы Й
```

РАДОСТЬ	МИР
ЛЮБОВЬ	ГНЕВ
БЛАЖЕНСТВО	РАССЛАБЛЕННЫЙ
ДОБРОТА	ДОВОЛЕН
СПОКОЙНЫЙ	СИМПАТИЯ
СОДЕРЖАНИЕ	НЕЖНОСТЬ
СМУЩЕННЫЙ	СКУКА
БЛАГОДАРНЫЙ	СПОКОЙСТВИЕ
СТРАХ	ПЕЧАЛЬ

10 - Ficção Científica

```
В О О Б Р А Ж А Е М Ы Й К С Ы Г
М С Ц Е Н А Р И Й Е Р Ч Н Х П А
Ч И Т Е Х Н О Л О Г И Я И Ь Л Л
С К Р Ч А К Ч Н Д В Ы Ж Г О А А
Н Ь Я И З Ю Л Л И Ш Т О И Г Н К
К О А К Ъ Ц Б Ц Б К Е О Ч О Е Т
Э К С Т Р Е М А Л Ь Н Ы Й Н Т И
А Н Т И У Т О П И Я Ч Я Ф Ь А К
В К К Р Е А Л И С Т И Ч Н Ы Й А
З Ы Ю Л Д Л У А А Т О М Н Ы Й Я
Р У Х У О Т П Р М Н О Ш Ь Т М Ш
Ы О М К И Н Ч Ы В Х Я И П О Т У
В О Г А Е Д Ы Т Ц Х А Ы С Б В Щ
А Ф Л Р Х Ц Ф Ь Я Ь П Ж Р О В Р
М Ц Щ О Ь Д И А Щ Н Б В Х Р Ъ Ж
Т А И Н С Т В Е Н Н Ы Й Х Ф Б Щ
```

АТОМНЫЙ	ВООБРАЖАЕМЫЙ
СЦЕНАРИЙ	КНИГИ
КИНО	ТАИНСТВЕННЫЙ
КЛОНЫ	МИР
АНТИУТОПИЯ	ОРАКУЛ
ВЗРЫВ	ПЛАНЕТА
ЭКСТРЕМАЛЬНЫЙ	РЕАЛИСТИЧНЫЙ
ОГОНЬ	РОБОТЫ
ГАЛАКТИКА	ТЕХНОЛОГИЯ
ИЛЛЮЗИЯ	УТОПИЯ

11 - Mitologia

```
Ч У Ц Ь Д К Ъ А Е С А Р Я Г Ч Ю
А К Ж Я Д Я Д У Й О Р Е Г Е Я Р
В Б Ь С Ф Б Ц М Н З Н В Г Р Я Щ
Р Ы Ю Е К Е Ф М Е Д Я Н Р О Ь Ы
Н С Я Г А А В Т Е А Л О О И Е В
Ж Й Ы Н Т Р Е М С Н А С М Н Н М
П В Ч И А У И Ц Ж И Б Т Е Я Т О
О О Ф О С Т Т Г Т Е И Ь Ф В Ф Н
В Л Р В Т Ь Р Ж Н Ь Р Ъ Д Л П С
Е Ш Д Г Р Л Е А Е Я И Н Л О М Т
Д Е Ъ Ъ О У М Х А Д Н Е Г Е Л Р
Е Б Л Ю Ф К С О Ь Ь Т С Е М Ь П
Н Н Т К А Ш С М Н А Р Х Е Т И П
И Ы Д У А Ы Е Щ К Ю М У О О А Л
Е Й Е Ч С Х Б У П А Ф Е К Ш Р Ч
С И Л А Б А Г П С У Щ Е С Т В О
```

АРХЕТИП	ГЕРОЙ
РЕВНОСТЬ	БЕССМЕРТИЕ
ПОВЕДЕНИЕ	ЛАБИРИНТ
СОЗДАНИЕ	ЛЕГЕНДА
СУЩЕСТВО	ВОЛШЕБНЫЙ
КУЛЬТУРА	МОНСТР
КАТАСТРОФА	СМЕРТНЫЙ
СИЛА	МОЛНИЯ
ВОИН	ГРОМ
ГЕРОИНЯ	МЕСТЬ

12 - Medições

```
Ц А Ф Ш М М А Р Г Е Ю Д Х Н Ц Щ
У Ь М М А Р Г О Л И К Л Ю Ж Р О
Е Н И Л С А Д Ф К П М М М Й В Ы
Ф В Ц У С С А Н Т И М Е Т Р М Д
Х Н Ф И А Т У Н И М В Ъ Б Т Д Ч
В Я И Ф Я Ъ Ю Ю П Ш Р Б Б Е Я Ъ
Е Н И Ю Н Ь Т А К М К О Щ М Ц Ф
Г Л У Б И Н А В Е С В Ы С О Т А
Щ П Щ Ъ Ф Е Н Н Б Д Ц Л А Д И К
Ц Д К Г И П И Ъ Н Ъ Я И Н Л Ц И
У Ъ Ц Ж Щ Е Р И Р О Р Т Р И С Л
У Г О Л Ъ Т И Р Г У Т Р В Н Д О
Е И Р Х Ф С Ш Ю Ю Б В Я М А П М
О У Ъ Т Ъ Ф Т Е И А Я А Д Н Ш Е
Т У Ь Г Ч А О П Н Й Р С И Ж Ъ Т
Д Р Ч Г Й Ы Н Ч И Т Я С Е Д Ь Р
```

ВЫСОТА	МЕТР
БАЙТ	МИНУТА
САНТИМЕТР	УНЦИЯ
ДЛИНА	ВЕС
ДЕСЯТИЧНЫЙ	ДЮЙМ
ГРАММ	ГЛУБИНА
СТЕПЕНЬ	КИЛОГРАММ
ШИРИНА	КИЛОМЕТР
ЛИТР	ТОННА
МАССА	ОБЪЕМ

13 - Álgebra

```
Р  А  Ы  Ж  Ъ  Я  Ф  У  П  Р  О  Щ  А  Т  Ь  Ж
Р  Д  Ш  Т  И  Ф  Я  А  Р  И  Е  Н  Ь  С  Я  А
П  Ш  А  К  Б  О  К  С  К  Е  Щ  Ь  Д  Ю  И  В
П  Д  Ц  Я  Я  Р  Б  Ъ  Я  Т  Ш  А  А  Ч  О  Б
Ф  Е  И  М  Ф  М  Н  У  Л  Ь  О  Е  Ь  С  Ц  Ф
Р  К  Р  И  Н  У  Е  М  Ь  Ю  Ю  Р  Н  Х  Ъ  Ж
А  Ц  Т  Е  О  Л  С  И  Ч  И  Х  Е  В  И  Л  С
К  А  А  М  М  А  Р  Г  А  И  Д  Щ  Т  Ы  Е  У
Ц  Г  М  И  Д  Е  В  Ы  Ч  И  Т  А  Н  И  Е  М
И  Ю  Ц  К  Й  Ы  Н  Й  Е  Н  И  Л  Е  Щ  Б  М
Я  У  Б  Ь  П  Й  Ы  Н  Ж  О  Л  М  Н  К  Ш  А
Г  Ь  Ы  В  Ч  Ь  У  Н  А  Я  В  Щ  О  Г  Г  Ц
У  Р  А  В  Н  Е  Н  И  Е  Я  В  Ш  П  В  М  Ъ
П  Р  О  Б  Л  Е  М  А  П  Ч  И  К  С  Г  Д  О
Б  Е  С  К  О  Н  Е  Ч  Н  Ы  Й  О  К  Ь  Л  Х
К  О  Л  И  Ч  Е  С  Т  В  О  П  Ь  Э  Я  Я  Ы
```

ДИАГРАММА	ЧИСЛО
УРАВНЕНИЕ	СКОБКА
ЭКСПОНЕНТ	ПРОБЛЕМА
ЛОЖНЫЙ	КОЛИЧЕСТВО
ФАКТОР	УПРОЩАТЬ
ФОРМУЛА	РЕШЕНИЕ
ФРАКЦИЯ	СУММА
БЕСКОНЕЧНЫЙ	ВЫЧИТАНИЕ
ЛИНЕЙНЫЙ	ПЕРЕМЕННАЯ
МАТРИЦА	НУЛЬ

14 - Plantas

```
Ц Б Л Ч Л Ц И И Ю П П Ь В Б Ю Ц
Д Ч А К И Н А Т О Б Ъ Щ Ж М О Я
К Р Ц У С Я Б Л Е С Т И Б Щ Ц Г
Г К Ф П Т И О В Е Р Е Д П У Ч О
М А С К Ф Я Б Ъ Ф Р Ш С Н Н Л Д
Е С К К Ы К Щ Ж Л К К Г У И Б А
К А К Т У С Ю Н О С Я Л Ц Г О В
Б А М Б У К Л Я Р Е Г Ч Ъ Ъ В Т
А В У Ц П С П Е А И Л И У И П С
Е А А Я Ж Я А Ю П Н Р Д Д Р Ю И
Н Р Ф Ш И Ц Ш Д У Е Ъ Е Ы П М Л
К Т К О Р Е Н Ь Щ Р С Ф Я У Щ К
С Ш Н К О Т Е В Ц Б Ф Т О Ы Я У
П М Ц И У Ф И Я М О Х И О Б Е Т
Ж И Ш У М С Х Б Л Д У Ч Н К Ж Х
Я Ш О Ь Д Д Т Г Ф У С О Л Н Ц Е
```

КУСТ	ЛЕС
ДЕРЕВО	ЛИСТ
ЯГОДА	ЛИСТВА
БАМБУК	ТРАВА
БОТАНИКА	ПЛЮЩ
КАКТУС	САД
БОБ	МОХ
УДОБРЕНИЕ	ЛЕПЕСТОК
ЦВЕТОК	КОРЕНЬ
ФЛОРА	СОЛНЦЕ

15 - Veículos

```
П К Д Р О Ю М В Ж Ф С П Ж С Ш Р
Ю А Р Ц Ф С О Е Ц Ц У М М В Я Б
Т Ы Р Ъ Ш Я Т Р Т Е Б Ы О Ю Щ Ф
Ш Х У О С В О Т Е Л О М А С У Л
А И Ш М М Е Р О Ч Ж Т О Л П Г Ж
В С Н И Т Л К Л Х С В Д К Ы Х Ш
Т К Б Ы Р О Щ Е Ч Л А Л О Д К А
О А С Ж А С Р Т Л К В О Н Т И О
М Т Д Ц К И Ш Т Е Р С Ж Л Н В Б
О С Ь Ф Т П Б Х Е Р М К Е Ф О Д
Б Ъ Г Н О Е С Ю Ч М Ы Ъ Ч Ю З Д
И П Ш Б Р Д С К У Т Е Р В Ь У Ж
Л Ф У Р Г О Н Ч Б Ш У У Х Р Р Е
Ь М У Е А А С Х Ъ Ф Н Л Х Х Г О
К А Р А В А Н Р А К Е Т А Ж Л Щ
С Ю Н О Ы Ц Л Г Щ В У Ы Т С Ь Щ
```

САМОЛЕТ	ПЛОТ
ПАРОМ	СКУТЕР
ЛОДКА	МЕТРО
ВЕЛОСИПЕД	МОТОР
ГРУЗОВИК	АВТОБУС
КАРАВАН	ШИНЫ
АВТОМОБИЛЬ	ТАКСИ
РАКЕТА	ЧЕЛНОК
ФУРГОН	ТРАКТОР
ВЕРТОЛЕТ	

16 - Engenharia

```
Ж И Т Ц Ж Д А М М А Р Г А И Д С
И Я Ш Ь Д О Ц Л О Г У В О Ц И Т
Д Р И Е Щ В И В Щ Т Б Ы М О З А
К А Ь Г С Б О Ю Щ Ъ О Г П Н Е Б
О З С Т Р У К Т У Р А Р Н Ы Л И
С М О С Р Е И Н Е Р Е М З И Ь Л
Т Е Ю И Т А Н С И Е И М К Г Я Ь
Ь Р А Л О Ш С Э Р Ю Н А И Л Я Н
У Ы С А Ф П Ы Ч Т Ч Е Ш У У Л О
Е Ф О Л У Ж О Д Е Ж Р И Л Б Г С
Д Ъ Т Ж М Д Ы Ы М Т Т Н Р И Я Т
Т Р П Н Ь Л Б Т А Е Ж А К Н Г Ь
О В Т С Ь Л Е Т И О Р Т С А И Ф
О Д Р А С П Р Е Д Е Л Е Н И Е О
Р Ы Ч А Г И С Р Ж А И Ц И П Я Б
Г Г М Ъ С Н Я Щ К Ч Щ Ц Б Ы Ч Х
```

РЫЧАГИ	ОСЬ
ТРЕНИЕ	ЭНЕРГИЯ
УГОЛ	СТАБИЛЬНОСТЬ
РАСЧЕТ	СТРУКТУРА
СТРОИТЕЛЬСТВО	СИЛА
ДИАГРАММА	ЖИДКОСТЬ
ДИАМЕТР	МАШИНА
ДИЗЕЛЬ	ИЗМЕРЕНИЕ
РАЗМЕРЫ	МОТОР
РАСПРЕДЕЛЕНИЕ	ГЛУБИНА

17 - Restaurante # 2

О	Ч	В	В	Л	В	Ы	Т	Н	А	И	Ц	И	Ф	О	С
Ъ	П	Я	Г	Ж	Х	Ф	К	О	Т	И	П	А	Н	В	П
Ы	А	Щ	Н	Ж	Б	С	У	Ж	Р	Ю	Я	Ц	Н	И	Е
Л	Е	Д	Ш	Ц	Ж	П	Р	Ч	Ц	Т	С	Й	Б	И	Ц
Л	А	П	Ш	А	Я	Г	Ф	Ъ	У	А	Н	Я	У	Ъ	И
Б	Д	С	У	П	М	Л	Д	Щ	П	Л	Д	Т	С	Х	И
Ч	О	А	Й	Ю	Щ	О	Я	Х	Ы	А	Ю	О	Ч	П	Ц
В	В	Ы	Ы	О	Г	Ж	Ь	О	В	С	А	Д	Ъ	А	Ы
Ч	К	Л	Н	Р	Е	К	О	Ь	И	Е	В	И	Р	Ы	Ъ
Я	А	К	С	У	К	А	З	П	Л	У	Т	С	В	К	К
Ч	Е	А	У	Д	Е	Б	О	К	К	О	О	К	П	Ъ	Х
Х	А	Ь	К	Х	Ы	Ы	О	Ж	А	П	С	В	Ч	Д	Б
Щ	О	Р	В	В	Ь	Р	Ь	Ъ	Е	Е	Ы	Л	О	Е	А
Щ	Ь	Т	Ю	Ъ	С	Р	Ю	Ь	У	О	У	Ч	Ю	Щ	Ф
О	Ж	Ц	Ь	П	Е	М	Е	К	П	К	Т	М	М	Ю	И
Ь	Ы	Г	В	Ж	И	Т	Ю	П	Ы	Г	У	Х	А	С	Ю

ЗАКУСКА	ВИЛКА
ВОДА	ЛЕД
НАПИТОК	ОБЕД
ТОРТ	ОВОЩИ
СТУЛ	ЛАПША
ЛОЖКА	ЯЙЦА
ВКУСНЫЙ	РЫБА
СПЕЦИИ	СОЛЬ
ФРУКТ	САЛАТ
ОФИЦИАНТ	СУП

18 - Países #2

```
Ш Щ П Е Я Т Ц И Ь М Д Ъ П Д Р Я
Е Ш Ы Х Ы Л Е В Н Л Ф А Е В Б А
О Ъ Д Н Я А Л Б А Н И Я Н С Ш К
Г Р Е Ц И Я И Н О П Я Ф А И Ш В
Н В С Л Я Т Ф К Л Б Ш Ю В Ж Я Ь
Ж Ю О В О Л И Н И Г Е Р И Я Ю И
Ф Р А Н Ц И Я А Н Е Ч Х Л Ш Я Н
С И Л Д П Ж М Т Г Р О С С И Я Д
О Р И Х М М Е С У Я Ю Щ П Р Л О
М Л С Р Ю Д К И Щ Ц И Х Ь К И Н
А А Я Е Р И С К Б Б Х И Н Ъ Е Е
Л Н Е М А Н И А Р К У Г Е Р Ш З
И Д Ф М А Ц К П Я Я Ч Щ П С Ш И
Д И Ы В Л Й А Д Н А Г У А Ч Ф Я
Т Я Б Н Ь А К С И Р И Я Л Д У Ж
Ю Я И Л А П Г А Т Ф Ъ Ь Л Ы Д М
```

АЛБАНИЯ	ЛИВАН
ДАНИЯ	МЕКСИКА
ФРАНЦИЯ	НЕПАЛ
ГРЕЦИЯ	НИГЕРИЯ
ГАИТИ	ПАКИСТАН
ИНДОНЕЗИЯ	РОССИЯ
ИРЛАНДИЯ	СИРИЯ
ЯМАЙКА	СОМАЛИ
ЯПОНИЯ	УКРАИНА
ЛАОС	УГАНДА

19 - Cozinha

Ч	С	Т	Б	И	К	Ь	Д	Х	С	Ы	Ш	Х	Х	Ф	Р
Х	М	Л	Ф	Е	Ж	Е	Щ	О	Р	М	П	Б	О	А	Ю
У	М	Ъ	И	М	Т	Х	В	Г	К	Ф	Ь	О	Л	Р	К
Г	С	П	Е	Ц	И	И	П	У	Н	В	Щ	Д	О	Т	У
Б	Р	Ч	Х	С	Т	А	К	Н	А	Б	Ш	Р	Д	У	В
Х	Ю	И	Е	Ц	О	Д	К	И	Н	Й	А	Ч	И	К	Ш
В	О	С	Л	П	К	Л	К	Т	Б	У	Я	Ч	Л	Л	И
Ж	Д	Ч	Ц	Ь	Б	Н	Д	Ч	Е	П	В	П	Ь	О	Н
Д	Д	Щ	Я	Ч	Ф	У	Ж	К	Ч	Ф	И	Б	Н	Ж	Ч
Я	Ф	Н	А	Е	Ъ	Т	К	Ю	А	Б	Л	М	И	К	Ч
Х	Ю	О	Ч	П	Г	Т	Ф	Ъ	Т	Ш	К	А	К	И	Д
Ш	Ч	Ж	Ы	А	А	В	О	М	С	Г	И	И	С	А	С
Ч	Г	И	Д	У	Ш	В	О	К	Г	У	Б	К	А	Л	М
Ц	Р	Ч	Я	П	А	К	Л	И	З	О	Р	О	М	Х	Д
Л	О	Е	Б	У	Ч	Ю	И	Ж	Н	Л	Ы	Ь	Ь	Н	Ф
У	У	Д	Г	Я	Т	Я	Р	Е	Ц	Е	П	Т	Ъ	К	Ч

ФАРТУК
ЧАЙНИК
ЛОЖКИ
КОВШ
ЧАШКИ
СПЕЦИИ
ГУБКА
НОЖИ
ПЕЧЬ

МОРОЗИЛКА
ВИЛКИ
ХОЛОДИЛЬНИК
ГРИЛЬ
САЛФЕТКА
БАНКА
КУВШИН
РЕЦЕПТ
ЧАША

20 - Material de Arte

```
Н  Я  Ц  Ч  Л  Ы  Д  О  В  Ж  М  М  Х  Х  Ю  Ы
Щ  Ч  Е  Р  Н  И  Л  А  О  Г  О  Л  С  А  М  Ф
Е  Г  Л  Н  Б  Щ  Ш  Е  Д  Ы  Л  О  Т  С  Ш  Х
Т  Ш  Л  Щ  Е  Р  П  Ц  А  О  Ь  И  Н  Х  У  П
К  Щ  А  И  Ь  Ы  М  Е  Р  Ж  Б  Л  Ф  Ч  Н  Ц
И  Ф  К  Ф  Н  Ы  Ь  Г  Е  Ч  Е  Е  О  И  Р  В
К  О  Р  Щ  Л  А  А  Ч  М  Я  Р  Р  Б  Г  Г  Е
А  В  И  Ъ  У  П  Ж  Р  А  Ц  Т  А  У  Л  У  Т
Р  Ф  Л  Л  Е  Ю  Ъ  Ы  К  О  Ю  В  М  Ю  Н  А
А  У  О  С  Е  Л  А  С  Т  И  К  К  А  А  Ю  Ч
Н  М  В  Т  Ф  Т  Я  Р  Т  Ш  Щ  А  Г  Ф  Ы  Ю
Д  Я  Ы  У  Ь  Т  С  О  Н  В  И  Т  А  Е  Р  К
А  Я  Й  Л  Т  Ш  Е  А  К  Р  А  С  К  И  Е  И
Ш  Е  Е  В  С  В  У  Л  П  Р  Ч  Ж  С  М  Д  Ю
И  У  Л  П  Ь  Ы  К  Л  В  Ч  В  Ф  Ы  К  О  Л
Ж  Ю  К  А  Ц  Ф  Ф  Х  В  Ж  Б  Ь  Ы  В  Р  Б
```

АКРИЛОВЫЙ	ЦВЕТА
ЛАСТИК	КРЕАТИВНОСТЬ
АКВАРЕЛИ	ЩЕТКИ
ГЛИНА	КАРАНДАШИ
ВОДА	СТОЛ
СТУЛ	МАСЛО
УГОЛЬ	БУМАГА
МОЛЬБЕРТ	ПАСТЕЛИ
КАМЕРА	ЧЕРНИЛА
КЛЕЙ	КРАСКИ

21 - Números

```
Т Р Р П Д Ь Т А Ц Д А Н Т С Е Ш
Р Т Р М Д Е Е Р Ы Т Е Ч А Я Н Д
И Щ Г В В В С Ж И Д Е В Я Т Ь В
Ч М Л Ц Е О Е Я Р Н Ч И Г Н Ц А
Н У Л Ь Н С Б Ц Т Е А В Д Т Г Д
Ю С М Ш А Е Н Ь Щ И У Д П К Х Ц
О Д И Н Д М Ф Г Н Х Ч Д Ц Ф Е А
С Ю Е Ь Ц Ь Ш Т М П Ъ Н Е А С Т
Ж Е Г Ъ А Т С П Б К Б Т Ы Ъ Т Ь
Ц Ш М Ь Т Я С Е Д П И Ь Ш Й Х Ь
Д Ъ О Ь Ь П П Я Т Н А Д Ц А Т Ь
Ч Е Т Ы Р Н А Д Ц А Т Ь Г Ц Х А
В О С Е М Н А Д Ц А Т Ь Л Е О Ь
Л Д С Н Т В Ю Ю М А Г Ф Ю Т Ч Ч
Г Н Б Х Р И Ы Ш Е С Т Ь П Д Х Ж
С Е М Н А Д Ц А Т Ь О Ш Г Л К М
```

ПЯТЬ	ЧЕТЫРНАДЦАТЬ
ДЕСЯТИЧНЫЙ	ЧЕТЫРЕ
ДЕСЯТЬ	ПЯТНАДЦАТЬ
ШЕСТНАДЦАТЬ	ШЕСТЬ
СЕМНАДЦАТЬ	СЕМЬ
ВОСЕМНАДЦАТЬ	ТРИНАДЦАТЬ
ДВА	ТРИ
ДВЕНАДЦАТЬ	ОДИН
ДЕВЯТЬ	ДВАДЦАТЬ
ВОСЕМЬ	НУЛЬ

22 - Física

```
М О Л Е К У Л А Л У М Р О Ф Г Ж
М А Г Н Е Т И З М С Е И Е Ф Р С
В К Н Ъ О Т Ь Г Т Ы И Щ Щ К А Б
У Г Г Ж У М О Т А П К Ж Ф Я В М
П Н А Ь Ч Л А Ц И Т С А Ч Д И Е
Л Д И З Ф Р И С Л Ь Е Е Ф Е Т И
О В Ч В Д П Ф Б С Е Ч М Ю Р А Н
Т И Ы Ч Е Щ К Е В А И Е Л Н Ц Е
Н Г И О И Р О Ч Ъ Ц М Х Д Ы И Р
О А Н Д Н Ю С А Г Е И А Л Й Я И
С Т У Ш Е Д О А Е Х Х Н Я Ю Ю Ш
Т Е Н О Р Т К Е Л Э Ж И Х А О С
Ь Л А Т О Т С А Ч Ь Ж К Х Ф Х А
Ю Ь Ч Д К Л Н Д И О Н А Л О Н Р
А Ж Ь Т С О Р О К С Б Ы Д Г М Ь
Ъ Х Ч Л У Щ Я Ъ Ч Я А К Й И Я Н
```

УСКОРЕНИЕ	МАГНЕТИЗМ
АТОМ	МАССА
ХАОС	МЕХАНИКА
ПЛОТНОСТЬ	МОЛЕКУЛА
ЭЛЕКТРОН	ДВИГАТЕЛЬ
РАСШИРЕНИЕ	ЯДЕРНЫЙ
ФОРМУЛА	ЧАСТИЦА
ЧАСТОТА	ХИМИЧЕСКИЕ
ГАЗ	УНИВЕРСАЛЬНЫЙ
ГРАВИТАЦИЯ	СКОРОСТЬ

23 - Especiarias

```
Л С Е С Н Щ А Д Х Л Р А Б К К В
У С О Х Л Я Ц Ь Л Е Х Н Е Ф О К
К Е Х Л Т М И Н Р Б Ь И Б С Р У
Н А Ф Ц О К Р Б О И Ф С Г Л И С
Х Т Р Щ О Д О Ж Р М Б Ф А А А К
Я Ж Ч Б Е Т К Н К Ж Ю М К Д Н А
Ш А Ф Р А Н Ф А Й Ы Л С И К Д Р
М Щ Ы К А Р Р И Г С Л А Д И Р Д
П Д Ь О Ш Ю С Х О Щ Ш Х З Й Р А
Ж Е К Н Р К Р Ш Р Ю Р М О У Ы М
Г У Р С М Ъ Ф К Ь Д Т Ф В А Н О
Ж У Ж Е С О Л Ь К М Б Щ Г Х Е Н
Щ Щ О Ч Ц Ы И Д И О Ы С В Д Я Щ
П Ю Ц Г М Ю Г И Й Ю Ц Щ Д Ц Р Ж
В А Н И Л Ь А Ь Я Ъ У С Ж Б Ь Л
Ю Ъ Ц У Ш И Ж И С П Ж О Ч О Д К
```

ШАФРАН	ЛУК
СОЛОДКА	КОРИАНДР
ЧЕСНОК	ТМИН
ГОРЬКИЙ	ГВОЗДИКА
АНИС	СЛАДКИЙ
КИСЛЫЙ	ФЕНХЕЛЬ
ВАНИЛЬ	ИМБИРЬ
КОРИЦА	ПЕРЕЦ
КАРДАМОН	ВКУС
КАРРИ	СОЛЬ

24 - Países #1

```
М Ы Л Ц Ч С В Я М Ш А Ъ И Б И Г
Ю А Ш Ь Л О П Ф Ч Ш Н В Ш Я Б О
Т А Р О Д А В К Э Л Д Ъ Т В Т Ю
Я Ж Ъ О Г Е Х П А Н А М А В Я Ш
Е Е Л О К К А М Б О Д Ж А Ж Н Я
Н Г Б Ы А К К Е Г Ф Ю Я Щ Ы Ь Ь
И И И Щ Р М О Ф И Н Л Я Н Д И Я
К Н Л П И И У М К С У И К Б С И
А Д А В Е Ю С М Ф Щ Ц Л Ы Р Е Н
Р И М Ъ Е Т Г П Ъ К С А К А Н А
А Я Е П М Ж Б Б А Я Л Т А З Е М
Г Н О Р В Е Г И Я Н У И Н И Г Р
У И З Р А И Л Ь Д Ф И Ф А Л А Е
А В Е Н Е С У Э Л А Ц Я Д И Л Г
Ш У Щ В Ф Ъ Е Ч И Ш О Г А Я Я Ю
Н Ю Д Г Б Ч Ю Ю Щ П Р В В В Л Ю
```

ГЕРМАНИЯ	ИТАЛИЯ
БРАЗИЛИЯ	ИНДИЯ
КАМБОДЖА	МАЛИ
КАНАДА	МАРОККО
ЕГИПЕТ	НИКАРАГУА
ЭКВАДОР	НОРВЕГИЯ
ИСПАНИЯ	ПАНАМА
ФИНЛЯНДИЯ	ПОЛЬША
ИРАК	СЕНЕГАЛ
ИЗРАИЛЬ	ВЕНЕСУЭЛА

25 - Casa

```
О Ъ М С Ц Д Н Ц Ш К Ч Я Н Ш З Ы
Ы Ы И В Т Ф Л Ы У Ч М Д Н Т Е С
Я Щ Ж Т Х Е У С Ц М Ф Ф Н О Р Ф
Б Б К П Г Ы Н А Р К Б Ш Ъ Р К Ь
К И Р В О К Ь А Е Г У М Ц Ы А Т
П П Б Ч Ы М Р М Е Б Е Л Ь М Л У
Л Б Ч Л Е Ь Е Я М Щ Д О К Х О Ы
Г Д А С И Р В М П З К Ш У Д Х П
К Л Ю Ч И О Д А С А О Ч Х Ч М П
О П Л Л Ь Щ Т А Н Б М Г Н Ч Т А
Л В А О Р О Х Е К О Н Щ Я Щ С Ф
О М О М Е Ф Д Ъ К Р А О К Н О Ф
Т Е Ъ Ф И С У Р Ж А Т К А М И Н
О Т В Ь Х Ф С Р Т Ж А Р А Г Ц Ю
П Л Д Ы Ч Т Н Т У М Ю Ы А Т Е Т
К А Л Ъ М А Е В Н Щ С А Д Ъ Г Ф
```

БИБЛИОТЕКА	КАМИН
ЗАБОР	МЕБЕЛЬ
КЛЮЧИ	СТЕНА
ДУШ	ДВЕРЬ
ШТОРЫ	КОМНАТА
КУХНЯ	ЧЕРДАК
ЗЕРКАЛО	КОВРИК
ГАРАЖ	ПОТОЛОК
ОКНО	КРАН
САД	МЕТЛА

26 - Vegetais

```
Х  Т  Я  П  Ш  Ъ  Ш  Ф  Х  Я  Р  Е  А  М  Б  Х
П  Ь  В  Х  Г  У  П  И  М  С  Д  Х  Щ  О  Р  К
П  Л  Ч  Р  Ф  Б  И  Р  Г  Ч  Р  Ф  Л  Р  О  Ы
Н  Е  Щ  Р  К  О  Н  С  Е  Ч  Х  С  Т  К  К  В
С  Ф  Т  П  Ж  И  А  Р  Е  Д  И  С  Ы  О  К  П
В  О  Ш  Р  Ь  Т  Т  Р  Г  Щ  Х  Я  К  В  О  О
В  Т  Ю  А  У  Х  М  Т  Т  Я  Ж  Г  В  Ь  Л  М
Д  Р  Ч  Й  Ц  Ш  Н  А  Ж  А  Л  К  А  Б  И  И
Ш  А  Ь  Е  Ю  Ч  К  Л  Ц  Е  Р  У  Г  О  Р  Д
Г  К  Л  Р  Е  П  А  А  Л  У  К  Т  Ъ  Ь  Е  О
Т  Ъ  Г  Е  И  Ц  Я  С  Н  Т  Х  Ъ  И  М  Щ  Р
У  Х  Ш  Д  Г  Б  Ш  У  Ь  Л  В  Ь  Ф  Ш  Х  Ф
П  Щ  А  Ь  Ф  Щ  М  Ж  К  Ц  Я  К  Ъ  Ы  О  Д
Ц  Ю  Л  Л  Д  Ь  О  И  Ч  Ъ  Е  Г  Б  Щ  Р  К
Ф  Щ  О  Е  И  Л  Ж  С  Ъ  К  Ъ  Н  О  Ы  О  А
У  Л  Т  С  И  Ж  Н  Ч  Е  Щ  Т  У  Ч  Х  Г  Ш
```

ТЫКВА	ГРИБ
СЕЛЬДЕРЕЙ	ГОРОХ
АРТИШОК	ШПИНАТ
ЧЕСНОК	ИМБИРЬ
КАРТОФЕЛЬ	РЕПА
БАКЛАЖАН	ОГУРЕЦ
БРОККОЛИ	РЕДИС
ЛУК	САЛАТ
МОРКОВЬ	ПЕТРУШКА
ШАЛОТ	ПОМИДОР

27 - Balé

```
А  Т  М  Я  Д  Щ  Б  М  А  К  И  Н  Х  Е  Т  О
Г  К  Ф  Ы  С  Т  И  Л  Ь  Р  Ъ  Х  Ц  Л  А  И
Д  Ы  Р  Ъ  Ш  А  Ь  К  П  У  Н  Д  Ш  Ш  Н  Н
Н  Ц  М  Я  И  Ц  И  Т  Е  П  Е  Р  В  Ы  Ц  Т
А  Р  У  Щ  П  Е  Ы  Х  П  Ъ  О  Ж  Е  Т  О  Е
У  Л  З  Н  Ы  Х  Щ  Р  Е  Х  Ш  К  Ч  Н  Р  Н
Д  Б  Ы  П  Д  К  Ж  В  И  С  У  Ы  Н  Е  Ы  С
И  А  К  И  Т  К  А  Р  П  Т  Б  Р  А  М  О  И
Т  С  А  У  Ь  Д  Е  Ж  П  Р  М  П  В  С  Б  В
О  О  Б  А  Н  И  Р  Е  Л  А  Б  О  Ы  И  Ь  Н
Р  Л  И  Д  Я  Р  Т  С  Е  К  Р  О  К  Д  Ж  О
И  О  Щ  О  Ъ  Р  О  Т  И  З  О  П  М  О  К  С
Я  И  Ф  А  Р  Г  О  Е  Р  О  Х  Щ  Д  Л  Ю  Т
В  Ы  Р  А  З  И  Т  Е  Л  Ь  Н  Ы  Й  П  Ш  Ь
Д  Л  Ю  Е  Н  Я  Я  Н  В  Л  Р  Ю  Г  А  И  Х
Ю  Б  О  С  В  О  М  Ь  Ы  К  Ш  Ч  К  А  Б  Ш
```

АПЛОДИСМЕНТЫ	ИНТЕНСИВНОСТЬ
БАЛЕРИНА	МЫШЦЫ
КОМПОЗИТОР	МУЗЫКА
ХОРЕОГРАФИЯ	ОРКЕСТР
ТАНЦОРЫ	ПРАКТИКА
РЕПЕТИЦИЯ	АУДИТОРИЯ
СТИЛЬ	РИТМ
ВЫРАЗИТЕЛЬНЫЙ	СОЛО
ЖЕСТ	ТЕХНИКА
НАВЫК	

28 - Adjetivos #1

```
А  Щ  Ф  Я  К  Г  В  Ц  Я  Й  Ы  Н  Т  С  Е  Ч
Р  Р  К  Б  А  Г  А  Е  О  Ы  Щ  Р  Ы  О  О  А
Ч  Й  О  Е  Ц  Н  Ж  Н  Х  Н  Ч  Ы  О  В  Г  М
М  Ы  Ю  М  М  Ю  Н  Н  С  Н  Ф  Б  Б  Р  Р  Б
И  Н  Ч  Р  А  Ч  Ы  Ы  Л  Е  Ъ  Ч  Я  Е  О  И
С  Н  Л  Р  Ф  Т  Й  Й  П  Л  Д  Л  Р  М  М  Ц
Т  Е  Щ  А  Н  С  И  Щ  Е  Д  Р  Ы  Й  Е  Н  И
Я  В  Р  Я  Я  Н  О  Ч  Ъ  Е  Н  К  И  Н  Ы  О
Ж  Т  Ц  Ь  Р  Ш  П  Т  Е  М  Ь  Н  К  Н  Й  З
Е  С  А  Ъ  Е  К  Ч  Д  П  С  И  Б  Н  Ы  Б  Н
Л  Н  И  Ч  Ь  З  И  Г  Е  О  К  Д  О  Й  О  Ы
Ы  И  Ь  О  Ь  М  Н  Й  П  П  Я  И  Т  Р  Л  Й
Й  А  Р  П  Л  Ю  С  Ы  Ц  Ц  О  Г  Й  Ъ  Ь  Ъ
К  Т  Т  Е  М  Н  Ы  Й  Й  М  И  Л  Т  Л  Ш  Р
И  Д  Е  Н  Т  И  Ч  Н  Ы  Й  Ф  Х  П  Ю  О  У
А  Б  С  О  Л  Ю  Т  Н  Ы  Й  Ь  У  Н  Т  Й  К
```

АБСОЛЮТНЫЙ	ЧЕСТНЫЙ
АМБИЦИОЗНЫЙ	ИДЕНТИЧНЫЙ
АРОМАТИЧЕСКИЙ	ВАЖНЫЙ
ЯРКИЙ	МЕДЛЕННЫЙ
ОГРОМНЫЙ	ТАИНСТВЕННЫЙ
ТЕМНЫЙ	СОВРЕМЕННЫЙ
ТОНКИЙ	ТЯЖЕЛЫЙ
ЩЕДРЫЙ	СЕРЬЕЗНЫЙ
БОЛЬШОЙ	ЦЕННЫЙ

29 - Psicologia

```
Т  Е  Р  А  П  И  Я  Щ  Д  Р  Ц  В  Х  П  Л  Б
В  Г  Ф  П  В  Ж  Г  Т  Е  Ь  Ф  О  Г  Э  Н  Ж
Б  М  Ц  Ж  А  Ы  П  Д  Т  Щ  С  С  П  Т  Ы  Ю
Л  Е  И  Н  А  Н  З  О  С  Д  О  П  Г  Ц  Ъ  О
С  Е  Н  С  А  Ц  И  Я  Т  Т  Ш  Р  Ш  Ж  П  Ч
К  Я  Т  Ъ  И  Р  П  Д  В  Ы  Ф  И  Л  С  Ы  М
Д  Л  Е  А  Ш  Ч  Е  О  О  Щ  М  Я  Ш  Я  В  Л
Ь  Ъ  И  К  Т  В  П  А  В  Е  У  Т  Ж  У  Л  И
Б  Ъ  Н  Н  Ц  Ь  Ы  Я  Л  Е  Я  И  Ю  Ц  И  Ч
Ь  Щ  А  Е  И  И  Г  И  Ы  Ь  Д  Е  Щ  Ш  Я  Н
Ц  Я  Н  Ц  Ч  Ч  Д  Н  Я  О  Н  Е  Ф  Ю  Н  О
Е  Т  З  О  Ц  Е  Е  П  К  П  Т  О  Н  О  И  С
М  М  О  И  Г  П  О  С  Щ  Ы  Ы  Ъ  С  И  Я  Т
М  Ь  П  М  Е  Ч  Т  Ы  К  Т  Х  В  Ш  Т  Е  Ь
К  О  Н  Ф  Л  И  К  Т  И  И  Ц  О  М  Э  Ь  Ц
П  Р  О  Б  Л  Е  М  А  Р  У  Й  Ш  А  В  Щ  У
```

ОЦЕНКА	МЫСЛИ
КЛИНИЧЕСКИЙ	ВОСПРИЯТИЕ
ПОЗНАНИЕ	ЛИЧНОСТЬ
ПОВЕДЕНИЕ	ПРОБЛЕМА
КОНФЛИКТ	РЕАЛЬНОСТЬ
ЭГО	СЕНСАЦИЯ
ЭМОЦИИ	МЕЧТЫ
ОПЫТ	ПОДСОЗНАНИЕ
ДЕТСТВО	ТЕРАПИЯ
ВЛИЯНИЯ	

30 - Paisagens

```
П Х О Л М Ш Ю Д П Ф Л Е Д Н И К
Ф У Ы Л П Л К Х Т У Ч О Я А К Х
А Я С И З А О Ц Ф К Л С Щ К Ч А
В О Р Т С О У Л О П Г Т Я Л А Щ
Н Б М Ж Ы Б О Л О Т О Р О У И Г
П П Р О К Н З А Л И В О К В Ц Ы
Ф Ч Я Р Р Ф Я Р Н Н Л В Е Щ К Ф
К А К Е Р Е Л О А И Ч Ф А Ы Ч И
Щ Р К З Л Е Ю Г Н Т Л Л Н К С И
В Е Ю О Н Ь Р Ъ Д Г Д О Е Я Б М
А Щ А Й С Б Е Р Г Х А Р Д Н У Т
Б Е Ы Е Т Ю Ц Ч Р Ъ П Ц Д И Р Ю
Б П Ъ Ш Ю Ч Р Б Ю Я О П Ъ Ъ Ю Ф
Т Ж К С Щ Б С О Б Я Д Л Д П У Р
Л Щ В Ь Я И Я Ж Я П О Я У Г Ъ Т
У Р Е Л Д Ш У Ш Б О В Ж Е Х Н Б
```

ВОДОПАД	ГОРА
ПЕЩЕРА	ОАЗИС
ХОЛМ	ОКЕАН
ПУСТЫНЯ	БОЛОТО
ЛЕДНИК	ПОЛУОСТРОВ
ЗАЛИВ	ПЛЯЖ
АЙСБЕРГ	РЕКА
ОСТРОВ	ТУНДРА
ОЗЕРО	ДОЛИНА
МОРЕ	ВУЛКАН

31 - Dança

```
В И З У А Л Ь Н Ы Й Я Ь Т Н Т К
Р С Э Ч Я И М Е Д А К А Р Ы Е Л
Л И У М Н Я В У П Ч Т С А Ы Л А
Ч Т К Р О И И Ж З Х В Ж Д В О С
Р Р Щ Ю Р Ц Я Ф Ъ Ы Ю В И Ы В С
Л И Д Д Я И И С Ж Х К Ж Ц Р Щ И
Ч Т Б Ж О Т Ц Я Щ Н Щ А И А Д Ч
К М Г М Д Е А Б В П И Ф О З В Е
Г У К В Н П Р П О З А Ю Н И И С
Ю О Л У У Е Г Н Щ С Ц Х Н Т Ж К
Ж Р Х Ь Б Р Ф Ю Е Д С Д Ы Е Е И
Ш Ц О В Т С С У К С И М Й Л Н Й
Ы Ч Д Ъ Х У П А Р Т Н Е Р Ь И Ы
Ь Б Щ Й Ы Н Р У Т Ь Л У К Н Е Л
Й Ы Н Т С О Д А Р Р Ю Е Ы Ы Ч Я
Х О Р Е О Г Р А Ф И Я Д Ъ Й Ю П
```

АКАДЕМИЯ	ВЫРАЗИТЕЛЬНЫЙ
РАДОСТНЫЙ	ГРАЦИЯ
ИСКУССТВО	ДВИЖЕНИЕ
КЛАССИЧЕСКИЙ	МУЗЫКА
ХОРЕОГРАФИЯ	ПАРТНЕР
ТЕЛО	ПОЗА
КУЛЬТУРА	РИТМ
КУЛЬТУРНЫЙ	ТРАДИЦИОННЫЙ
ЭМОЦИЯ	ВИЗУАЛЬНЫЙ
РЕПЕТИЦИЯ	

32 - Nutrição

```
К Б К М О Р Ы Ю Е Ш Я Ф Г Ш Х В
С А Е Р К Ч Х Ш Ы С О У С Е В Р
Ъ В Л Л П Я И М Д А Я Ф Я Ъ О О
Е И У О К И Т Г О Р Ь К И Й Н К
Д Т Р Е Р И Н Ю В К Ч Ъ Ц Т У А
О А Р И Ф И Д М Е Я Х М А Н Т Ч
Б М Н Н Н Т И Н Л Б Б Т Т Б Р Е
Н И О Е Ю Ч И Д Г Р Я О Н Я И С
Ы Н И Р Ф Т Д У Ы О К Е Г Е Т
Й Б Д А Ъ В К У С Ж Ы С М Ъ Н В
Р Я Я В Д И Е Т А О О И Р У Т О
А П П Е Т И Т Ш Б У К Н Е Е Л Р
Х Г Ч Щ Ъ Ъ Г Ф Г Е Г Д Ф П Л О
Я Ь Т И З Д О Р О В Ь Е И Х Ы Н
Т И Е П З Д О Р О В Ы Й В Ж Т Ь
И Н Г Р Е Д И Е Н Т Ы Ф Б С Ж И
```

ГОРЬКИЙ	СОУС
АППЕТИТ	НУТРИЕНТ
КАЛОРИИ	ВЕС
УГЛЕВОДЫ	БЕЛКИ
СЪЕДОБНЫЙ	КАЧЕСТВО
ДИЕТА	ВКУС
ПИЩЕВАРЕНИЕ	ЗДОРОВЫЙ
ФЕРМЕНТАЦИЯ	ЗДОРОВЬЕ
ИНГРЕДИЕНТЫ	ТОКСИН
ЖИДКОСТИ	ВИТАМИН

33 - Energia

```
К Т С Я А К П Х П Ж Г Ъ Ъ Ъ Г Э
О Е Ж Ш Ж В Й Д Я А Т Л Н Р Х Н
У Х Ш С Е Д Ы Ю Г Р А П Ь Д А Т
Г Т Ь Р Э О Н А Ш А Ю Т Ю Д Ъ Р
Л О Ф Д Ю Л Р И Р П П Ч У Н Д О
Е П Й И К С Е Ч И Р Т К Е Л Э П
Р Л Л З Ф Щ Д К Р Б Е Я Ц П Ъ И
О И Я Е Р О Я О Т Р Б Л Н Р Ь Я
Д В С Л Л Ъ О Ь Ц Р Щ Ф Л С Х В
Ф О Б Ь Д Ш Ъ Ъ М Д О Р О Д О В
М О Б А Т А Р Е Я К Ы Н С Ш Ч В
О В Т З А Г Р Я З Н Е Н И Е Ф Ш
Т Ю Е О Щ Г Ц Б Ч Т У Р Б И Н А
О Ч Н Т Н И З Н Е Б Ф Ш Г Е Д Ю
Р В М Ы Е Х У С У М Е Ж С С Ь С
Ц Ж С Б К Р С К О Т М Ь И Ч И Х
```

БАТАРЕЯ	БЕНЗИН
ЖАРА	ВОДОРОД
УГЛЕРОД	МОТОР
ТОПЛИВО	ЯДЕРНЫЙ
ДИЗЕЛЬ	ЗАГРЯЗНЕНИЕ
ЭЛЕКТРИЧЕСКИЙ	СОЛНЦЕ
ЭЛЕКТРОН	ТУРБИНА
ЭНТРОПИЯ	ПАР
ФОТОН	ВЕТЕР

34 - Disciplinas Científicas

```
П Н Б Ъ Ж Ж Ы К Б П М К О И П Т
С Г Е О Л О Г И Я О Г Ю У Е М Г
И Я И Г О Л О Р О Е Т Е М Ю К Е
Х Н Е В Р О Л О Г И Я А Ж Д Ж Р
О В Ш Б М А Ь Щ Я Ш С Ж Н Г Р К
Л К Б Ц Ч Ъ Ы Я И Г О Л О И Б Ш
О У Х Ч Е П П Д М Ы Ч Ц Л Ж К Ъ
Г Е В Ш У Щ У Я И М О Т А Н А А
И О И П Л Т А Р Х Е О Л О Г И Я
Я И Г О Л О И Ц О С О А Д Т О И
И Х А К И М А Н И Д О М Р Е Т Г
М Л Ф И Т Х Ю Ж Б Ц Ъ Т Л К Ж О
И У Б В Ф И З И О Л О Г И Я Р Л
Х С А С Т Р О Н О М И Я В Щ Ж О
Л И Н Г В И С Т И К А Щ Н К О К
К И Н Е З И О Л О Г И Я М Ы У Э
```

АНАТОМИЯ	ГЕОЛОГИЯ
АРХЕОЛОГИЯ	ЛИНГВИСТИКА
АСТРОНОМИЯ	МЕТЕОРОЛОГИЯ
БИОЛОГИЯ	НЕВРОЛОГИЯ
БИОХИМИЯ	ПСИХОЛОГИЯ
БОТАНИКА	ХИМИЯ
КИНЕЗИОЛОГИЯ	СОЦИОЛОГИЯ
ЭКОЛОГИЯ	ТЕРМОДИНАМИКА
ФИЗИОЛОГИЯ	

35 - Meditação

```
В  Н  И  М  А  Н  И  Е  Ж  Т  У  К  А  П  Ц  Л
Ъ  К  Ф  С  З  Ъ  Р  Т  В  Б  М  Е  Т  Р  У  В
Я  Н  М  Е  О  Д  Я  Р  И  Л  С  Ы  М  И  М  Х
И  К  У  И  П  Ф  Н  Р  Й  Ь  Т  С  О  Н  С  Я
Н  А  Б  Л  Ю  Д  Е  Н  И  Е  В  Э  М  Я  С  П
Е  Н  Т  М  И  Р  Л  К  Щ  Р  Е  М  У  Т  О  Е
Ч  Е  Ь  О  Ы  У  Е  Ь  Ю  Ф  Н  О  З  И  С  Р
У  К  А  В  Р  Щ  А  Ы  У  Ф  Н  Ц  Ы  Е  Т  С
К  Ъ  Н  Я  Ж  Б  Д  Я  В  У  Ы  И  К  Ю  Р  П
У  Ж  И  Д  Ж  У  О  О  Т  П  Й  И  А  Ц  А  Е
А  Б  Ш  У  У  П  Р  Д  С  Ж  Т  Ы  Ч  Р  Д  К
Д  В  И  Ж  Е  Н  И  Е  Р  Ю  Л  Л  Н  В  А  Т
П  Ь  Т  С  О  Н  Р  А  Д  О  Г  А  Л  Б  Н  И
Ц  Л  А  И  И  У  П  П  О  Г  А  О  Ц  У  И  В
Д  П  Ф  А  В  Б  М  Ш  Б  Ю  Ь  Н  Д  Ь  Е  А
М  Н  О  Л  Ц  У  Р  Т  Ы  Н  Ы  У  Щ  Т  У  Н
```

ПРИНЯТИЕ	УМ
БОДРСТВУЮЩИЙ	ДВИЖЕНИЕ
ВНИМАНИЕ	МУЗЫКА
ДОБРОТА	ПРИРОДА
ЯСНОСТЬ	НАБЛЮДЕНИЕ
СОСТРАДАНИЕ	МИР
ЭМОЦИИ	МЫСЛИ
УЧЕНИЯ	ПЕРСПЕКТИВА
БЛАГОДАРНОСТЬ	ПОЗА
УМСТВЕННЫЙ	ТИШИНА

36 - Artes Visuais

```
К М О Л Ь Б Е Р Т О Ж Р Ф П Г Ж
Х Р Н Ш Ю Ж С М У Ч А Ч И Е Л Ш
У Х Е У Г О Л Ь Е Щ Х С Л Р И М
Д Ю Д А К Ч У Р С К Ц А Ь С Н Е
О Х И Р Т Е Р А Ф А Р Т М П А Л
Ж К Я У Е И Л У О Д П Н М Е П И
Н М С Т Р Ф В В О С К Ы Ш К Ъ Р
И Ц И П Т К О Н Ч И А Т Е Т У О
К Ф Ж Ь Р М А Т О Ч Л О Д И А Ь
О У Щ Л О А К Р О С А Н Е В Н Д
Ы А А У П А И И А Г Т Б В А Р П
Д К Д К У Х М Т Ы Н Р Ь Р К К Ц
Ф С Ю С Ч Л А Т Ш Л Д А Л В И Ж
Т Х К Р Ж П Р Щ Б К Ы А Ф К П М
С О С Т А В Е Ц Н Х И Т Ш И Т Б
А Р Х И Т Е К Т У Р А Л Ю П Я Ю
```

ГЛИНА	СКУЛЬПТУРА
АРХИТЕКТУРА	ТРАФАРЕТ
ХУДОЖНИК	ФИЛЬМ
РУЧКА	ФОТОГРАФИЯ
УГОЛЬ	МЕЛ
МОЛЬБЕРТ	КАРАНДАШ
ВОСК	ШЕДЕВР
КЕРАМИКА	ПЕРСПЕКТИВА
СОСТАВ	ПОРТРЕТ
КРЕАТИВНОСТЬ	ЛАК

37 - Moda

```
Т Е Н Д Е Н Ц И Я И Г К Д У И П
Ж Х С Ь Ь Ш А Е Р М У Н О Д З Р
Ь М К Ц Л Н К П Ч Х К О Р О М А
О Р И Г И Н А Л Р П Е П О Б Е К
Ъ Ч Т Б Т Ц В В Ъ О Р К Г Н Р Т
Л Б У Ж С В Х В Ы О С И О Ы Е И
Ц А Б К О Г Э Ц О Ш Ю Т Й Й Н Ч
Д Е Р Е А К Ъ Л В Ч И Л О В И Е
И Ф М Г Щ Т Ш Р Е У Ъ В Ю Й Я С
Ч Ц Я П В К Б Ж Ж Г Р А К Ч Ф К
С К Р О М Н Ы Й У Л А Ь Ъ А Ж И
Я Р Л Б Р О Г Л Р О Д Н Ю К Х Й
Т Е К С Т У Р А К Б Ж А Т М Б У
Д О С Т У П Н Ы Й У Е К Ы Н Ъ Т
М И Н И М А Л И С Т Д Т А Г Ы Б
Ж Й Ы Н Н Е М Е Р В О С Д М Я Й
```

ДОСТУПНЫЙ	СОВРЕМЕННЫЙ
ВЫШИВКА	СКРОМНЫЙ
КНОПКИ	ОРИГИНАЛ
БУТИК	ПРАКТИЧЕСКИЙ
ДОРОГОЙ	КРУЖЕВО
УДОБНЫЙ	ОДЕЖДА
ЭЛЕГАНТНЫЙ	ПРОСТОЙ
СТИЛЬ	ТКАНЬ
ИЗМЕРЕНИЯ	ТЕНДЕНЦИЯ
МИНИМАЛИСТ	ТЕКСТУРА

38 - Instrumentos Musicais

```
Ю Ь Е К Ч Т Е Н Р А Л К Б Б Д Ы
В Ю А Ь Я Я Р Ъ У Ъ Ь Л А Б Ч У
Ч Ж Т А Н И Л О Д Н А М Р Ф Ч И
Ь Н Т Р Х Ь М Н М Л Т Е А И Щ Т
Г Ц С А У Х А И У Б Щ Я Б Ж Ы Я
Ц Г Л С Л Б С Н О А О Ъ А Ь Ф П
Р Л К Ф Ю Щ А А Щ Г С Н Н Е Е Ш
П Е Р К У С С И Я И Е Ы О Я К Я
Щ Ф М М Ы Д Ь П Ш Т Ь Ч Щ У Ь И
Т А Т Й Е Л Ф О У А К П И Р К С
Ч Г Н О Г Б Щ Б Ь Р Б У Б Е Н Ю
Д О Т Ч С Е А А Х А Б М И Р А М
Я Т Ш Ю Н Ю И Н Е Ф А Р Ф А Г Х
С А К С О Ф О Н Д Г О Б О Й Р Щ
Г А Р М О Н И К А Ж Ы В Е Д Н Я
Ы Щ И С Ш Ь Л Е Ч Н О Л О И В С
```

МАНДОЛИНА	БУБЕН
БАНДЖО	ПЕРКУССИЯ
КЛАРНЕТ	ПИАНИНО
ФАГОТ	САКСОФОН
ФЛЕЙТА	БАРАБАН
ГАРМОНИКА	ТРОМБОН
ГОНГ	ТРУБА
АРФА	ГИТАРА
МАРИМБА	СКРИПКА
ГОБОЙ	ВИОЛОНЧЕЛЬ

39 - Adjetivos #2

```
И Н Т Е Р Е С Н Ы Й И И О Ю О Э
Т С Ф Ш Н К Ц А Ы Ц Й А Т Ц П Л
Е С Т Е С Т В Е Н Н Ы Й В Ъ И Е
Г Ь У С Щ К С И Ь Ж В К Е А С Г
З О Ш Й И К С Е Ч Р О В Т У А А
Д Д Р У Г Л Б Ю М Ц Н С С Т Т Н
О И Ж Я Е Я Ь Т Е Б У Ч Т Е Е Т
Р К С Щ Ч Б Я Н Л Ф Б И В Н Л Н
О И Н Л М И Р И Ы Ж И С Е Т Ь Ы
В Й Ч Д О Т Й Х Ы Й Т Т Н И Н Й
Ы О Ц И Н Ю С У Х О Й Ы Н Ч Ы Ы
Й С Х И Г Ф Л Я Ь Е М Й Ы Н Й Д
П Р О Д У К Т И В Н Ы Й Й Ы Ж Р
Н О Р М А Л Ь Н Ы Й Т Б А Й Я О
Р К С М Ю Х И З В Е С Т Н Ы Й Г
С О Л Е Н Ы Й О Д А Р Е Н Н Ы Й
```

АУТЕНТИЧНЫЙ	НОВЫЙ
ТВОРЧЕСКИЙ	ГОРДЫЙ
ОПИСАТЕЛЬНЫЙ	ПРОДУКТИВНЫЙ
ОДАРЕННЫЙ	ЧИСТЫЙ
ЭЛЕГАНТНЫЙ	ГОРЯЧИЙ
ИЗВЕСТНЫЙ	ОТВЕТСТВЕННЫЙ
СИЛЬНЫЙ	СОЛЕНЫЙ
ИНТЕРЕСНЫЙ	ЗДОРОВЫЙ
ЕСТЕСТВЕННЫЙ	СУХОЙ
НОРМАЛЬНЫЙ	ДИКИЙ

40 - Roupas

```
Щ И М Ч А С Я О П И К Ю Р Б Ь Ч
Р Т К Р Х В А Ы Т Б У У В Ъ К С
П Х Б Г Х И К С О Н Р Ъ Т Х Ы Ч
Е Н А Я Н Т Л Н П П Т И Я Р Я А
Р К В С Р Е Ц И Т Ы К Н П Ъ А Ъ
Ч Е Ь Л Е Р Е Ж О Б А Ц Н Ю Е Ф
А Ь О Г В М Б Д Б Л У З А Я Ч К
Т Т В П Д Е Я Р М М Я Ш К Р Ц Ш
К А А А Ъ Б Г Т А К Ш А Б У Р Л
И Л Ю Л Б М Р Н Д С Ю Н Ю Ф А Я
П П Ъ Ь В У Б О О О Л М Л Щ И П
У И П Т Г М Б Р М А Д Е Н Ч С А
С Г Ж О Е Я О С Ц Л Ц Д Т Ъ Р Б
И И Л А Д Н А С И Г Л Р Т Я Ъ Щ
У Т Ф Я М Р О Ж Ы П Ы Т В Ю Ы Х
Ж И У Ъ Х А Д П И У Ч Ж Щ Ь М Ъ
```

ФАРТУК	ПЕРЧАТКИ
БЛУЗА	НОСКИ
БРЮКИ	МОДА
РУБАШКА	ПИЖАМА
ПАЛЬТО	БРАСЛЕТ
ШЛЯПА	ЮБКА
ПОЯС	САНДАЛИИ
ОЖЕРЕЛЬЕ	ОБУВЬ
КУРТКА	СВИТЕР
ДЖИНСЫ	ПЛАТЬЕ

41 - Herbalismo

```
А В Б К Н Д Ф Ч З Е Л Е Н Ы Й Р
Р Я А О Ш Ю И В Е И О Н Л Я В А
О Б З Р Ф Р Т Т Н С У К В Н Л С
М Ш И И Я Ъ Н Я Х С Н Ш Д С А Т
А А Л А Ж Р Е С Б А Д О И М В Е
Т Ф И Н Ц М И С П Д Ж Ж К Т А Н
И Р К Д Д В Д Ю Н К Р П Н И Н И
Ч А И Р Ф Б Е Н А Р О Й А М Д Е
Е Н Ю Ь Е С Р Т П Б Ы Н Щ Ь А Я
С М В Б Б Т Г Т О Е Б Ь Ш Я Ш С
К М И У К Ь Н К Ф К Т В Р Н П А
И Ы И Л Б Т И Ц Ш Ж Х Р Л М К И
Й Ф Е Н Х Е Л Ь Т П О Т У Н Ю Ь
Э С Т Р А Г О Н А Ш Р С Г Ш Г У
Т С У Р К А Ч Е С Т В О П В К Ч
Р О З М А Р И Н Е Ь А А Д Е Г А
```

ШАФРАН	ЛАВАНДА
РОЗМАРИН	БАЗИЛИК
ЧЕСНОК	МАЙОРАН
АРОМАТИЧЕСКИЙ	РАСТЕНИЕ
КОРИАНДР	КАЧЕСТВО
ЭСТРАГОН	ВКУС
ЦВЕТОК	ПЕТРУШКА
ФЕНХЕЛЬ	ТИМЬЯН
ИНГРЕДИЕНТ	ЗЕЛЕНЫЙ
САД	

42 - Arqueologia

```
Р Е Л И К В И Я Ъ П О Т О М О К
Г Й Ы Н Т С Е В З И Е Н И В Ю И
М Ч П Н Л С Т Ь В Т Ц Н М Ь С У
О Ь Л О Щ Э К Р О С С Е Ф О Р П
Г Ъ М Ю Е Р Т О Ж О Д И Ч Л П А
И Щ И В Д А С А М К Б О К Л Ж Ш
Л Н У К Ч К Р Т Й А О Ъ А П Ф Ж
А Ь А В Р Н А Ф Ц Н Н Н Е Ш И Щ
Х Л Ы Ж В Е Л Д Г Ф А Д Д К Г Н
Х Б Ы Ь С Ц Ч Л М У Ц Ш А У Т Щ
Ъ А Х И Г О Э К С П Е Р Т Х Ю Ы
Я С О Щ О А Н А Л И З Л О У Г Т
Х Р А М Д Ц И В И Л И З А Ц И Я
А Ю Ъ Х Ы У И С К О П А Е М О Е
З А Б Ы Т Ы Й Д Р Е В Н О С Т Ь
И С С Л Е Д О В А Т Е Л Ь О Ю Ю
```

АНАЛИЗ	ЗАБЫТЫЙ
ГОДЫ	ИСКОПАЕМОЕ
ДРЕВНОСТЬ	ИССЛЕДОВАТЕЛЬ
ОЦЕНКА	ТАЙНА
ЦИВИЛИЗАЦИЯ	ОБЪЕКТЫ
ПОТОМОК	КОСТИ
НЕИЗВЕСТНЫЙ	ПРОФЕССОР
КОМАНДА	РЕЛИКВИЯ
ЭРА	ХРАМ
ЭКСПЕРТ	МОГИЛА

43 - Agronomia

```
И  С  Ф  Ч  Б  Ы  Ц  Ъ  В  М  Ш  Э  О  И  Э  Д
С  Д  Е  Ц  Н  Ы  Н  Щ  Г  Я  Ь  Р  Р  С  К  У
Г  И  Е  М  Э  Н  Е  Р  Г  И  Я  О  Г  С  О  Д
П  Н  С  Н  Е  Ю  Е  В  Ч  С  И  З  А  Л  Л  О
Р  З  Ы  Т  Т  Н  Р  О  С  Т  Н  И  Н  Е  О  Б
О  Е  Ы  Т  Е  И  А  Д  О  В  Е  Я  И  Д  Г  Р
И  Л  Р  Я  И  М  Ф  Й  Н  Р  Т  Ь  Ч  О  И  Е
З  О  Я  У  Н  Г  Ы  И  Б  Ь  С  К  Е  В  Я  Н
В  Б  С  О  Е  Ж  Т  К  К  Т  А  С  С  А  О  И
О  Л  Х  Г  Н  Ц  Ш  С  Л  А  Р  Н  К  Н  Б  Е
Д  Щ  Е  Х  З  Б  Л  Ь  Ъ  Ч  Ц  К  И  И  Д  Ъ
С  Ч  Т  О  Я  А  А  Л  М  У  Т  И  Й  Е  Ф  У
Т  К  Т  Х  Р  Щ  Б  Е  Ж  З  У  Щ  Я  И  У  Р
В  Л  Е  И  Г  М  Ч  С  Ы  И  Ц  О  Л  С  Т  С
О  Б  Д  С  А  К  У  А  Н  С  А  В  Ч  О  П  Ю
Д  Е  У  В  З  П  К  Ш  Щ  Ф  Я  О  Ф  Д  П  Ъ
```

ВОДА	ОВОЩИ
НАУКА	ОРГАНИЧЕСКИЙ
РОСТ	ИССЛЕДОВАНИЕ
БОЛЕЗНИ	РАСТЕНИЯ
ЭКОЛОГИЯ	ЗАГРЯЗНЕНИЕ
ЭНЕРГИЯ	ПРОИЗВОДСТВО
ЭРОЗИЯ	СЕЛЬСКИЙ
ИЗУЧАТЬ	СЕМЕНА
УДОБРЕНИЕ	СИСТЕМЫ
ИДЕНТИФИКАЦИЯ	ПОЧВА

44 - Frutas

```
П М О Н Щ Т Ч Щ Щ Я Ч М Я М П В
Ы Е Я Р О О Р Н Б Ц Ю Л Г А А И
Ъ У Р С А Н А Н А Л О М О Н П Н
Т В В С Ф Н П В И Ш Н Я Д Г А О
Л К В Ъ И С Ж Б Ц Ж А Т А О Й Г
Б И Х П А К Щ Е Ш Б Н Ы Л Т Я Р
Ш Я М Г Р У Ш А В Ф А А М Ъ У А
Ш К С О К И Р Б А Ы Б Б А Е Ш Д
Х И О Х Н С С О К А Й И Л Е Ю Я
Щ В К Ы Щ П Р Ю И Т Х Н И Г Х Г
Ы И О У Щ Ц Ъ У В Р Ж Ж Н Ш О Ц
Д Р К Т К Ч А Т Е О Г И А Б У Р
А В О К А Д О Ь Ж Р У Р В К Ы Ф
Ъ Н Ф Ц Я Е Ж Ш Е Я Б Л О К О К
Р Щ О Ь Ф Н Е К Т А Р И Н М Ц И
С Ь Е Б В Н К Ф Ч Н Х Е Н Е Н Н
```

АВОКАДО	КИВИ
АНАНАС	ОРАНЖЕВЫЙ
ЕЖЕВИКА	ЛИМОН
ЯГОДА	ЯБЛОКО
БАНАН	ПАПАЙЯ
ВИШНЯ	МАНГО
КОКОС	НЕКТАРИН
АБРИКОС	ГРУША
ИНЖИР	ПЕРСИК
МАЛИНА	ВИНОГРАД

45 - Corpo Humano

```
К У П О Щ Ф Ь Ш В Е У Л Ъ Ж Ч Л
О Ю О Е Я Р Ц П Л Е Ч О Е К Е О
Л Е Д Ы У Х О Ь И К Л Т Н Ч Л Д
Е Р Б Ы Ф Ю У Ч Т Ц А П С А Ю Ы
Н В О У Л И Ы С Е Я С Л О Б С Ж
О Я Р Я О Т Л А Ш К Е Ж Н Ж Т К
Ь В О Р К В Р Ф Б В Р Ш Я Г Ь А
Ж А Д Т О С Е Е Е Щ Д К Р Е Л Р
Б К О Л Т Ц Т О Е Д Ц Я О Ш Е Ю
Р Т К Ю Ь Ь Ц У Ч Ш Е И Н Ж Щ Щ
А Ъ Д Д Г О Л О В А Р Д Ь Б А Г
Р Ж Ь А Р З Ъ Ш М Г О Ы Я М К Я
И Н Х Ю Л А О Ч М О Т Х Л И У Я
И М Ь Я Т Л Н М Е Н Ъ Ч Я Ы Р П
У Ю И В Ц Г Д А Т М Ф Ф Р С Н Т
П А Л Е Ц Ч Л Ж Ф С Я Ш У Т М Ю
```

РОТ	ГЛАЗ
ГОЛОВА	ПЛЕЧО
МОЗГ	УХО
СЕРДЦЕ	КОЖА
ЛОКОТЬ	НОГА
ПАЛЕЦ	ШЕЯ
КОЛЕНО	ПОДБОРОДОК
ЧЕЛЮСТЬ	КРОВЬ
РУКА	ЛОБ
НОС	ЛОДЫЖКА

46 - Caminhada

Ы	Ч	Г	У	О	Г	Б	У	Х	Ю	Д	Ь	Я	К	А	Л
Ц	Г	Ы	Ш	С	Ч	П	Ш	К	Щ	М	Ц	Ш	А	Х	Б
С	Е	Т	У	И	Т	С	О	Н	С	А	П	О	Р	О	Н
К	А	Ш	Ъ	У	Ы	А	Е	Ф	Т	Д	Л	Г	Т	Я	Л
В	К	М	Г	Г	У	Ю	Л	Д	Р	О	Г	Ц	А	И	Т
Х	В	Б	М	Н	Т	Щ	Л	Ы	Т	В	О	С	Д	Ц	Ю
Т	О	Т	В	И	Н	М	А	К	Й	У	Р	Ф	О	А	Т
Я	Т	А	Ш	П	Т	Д	И	К	И	Й	А	В	Р	Т	А
Ж	О	Я	У	М	Ц	А	Д	О	Г	О	П	Р	И	Н	Ы
Е	Г	А	Р	Е	И	Н	М	Е	Ф	Ь	И	Ц	Р	Е	Ь
Л	Д	Н	А	К	А	Ц	Н	И	К	Р	А	П	П	И	Х
Ы	О	Ф	Б	С	Т	Е	Ц	Н	Л	О	С	Ш	И	Р	П
Й	П	Ы	Е	Л	Х	Я	И	Ю	И	К	Н	И	Т	О	Б
Ж	И	В	О	Т	Н	Ы	Е	Х	Ъ	Ы	Л	Л	Ц	А	Ю
Я	И	Ш	В	Т	Ц	Ы	Б	Д	Л	И	У	О	Т	О	П
Ю	Е	Т	Ж	Ь	Ч	Я	Т	Д	Б	П	Н	Ч	К	П	Б

КЕМПИНГ	ОРИЕНТАЦИЯ
ЖИВОТНЫЕ	ПАРКИ
ВОДА	КАМНИ
БОТИНКИ	УТЕС
УСТАЛЫЙ	ОПАСНОСТИ
КЛИМАТ	ТЯЖЕЛЫЙ
САММИТ	ПОДГОТОВКА
КАРТА	ДИКИЙ
ГОРА	СОЛНЦЕ
ПРИРОДА	ПОГОДА

47 - Biologia

```
П Щ И Ь М Я А О Ы Ц М Е П Ф М Х
Я Ч Е Й К А И Л Ш И Ц С С О Л Ъ
Е Ч Т Ю Ъ А У Ц Г Я А Т И Т Е Х
Ф К Т О Ь Ъ Е Г Ю А Ь Е Н О К И
К О Л Л А Г Е Н Ъ Л Ч С А С О У
Е Л Я В У Ь И А Т Ф О Т П И П Ь
Н Е Й Р О Н Н Щ Ъ Е С В С Н И С
И Б П Г Ш У С Ъ Г У О Е Э Т Т И
И Г Т Ь Я И Ц А Т У М Н Х Е А М
Р Е П Т И Л И Я Я О С Н Ю З Ю Б
Е М Ц Н М Я Д М Ф Ю О Ы Ф Ъ Щ И
Т С Б Е О Д Б Д Ю Е Н Й Н Д Е О
К Д Я М Т Е Г В Ш Ч С К Б Е Е З
А Ц Р Р А П К Г О Р М О Н О Р Н
Б Г Б Е Н О И Р Б М Э Л Щ Б Н В
А Б Ш Ф А М О С О М О Р Х И Б Ъ
```

АНАТОМИЯ	МЛЕКОПИТАЮЩЕЕ
БАКТЕРИИ	МУТАЦИЯ
ЯЧЕЙКА	ЕСТЕСТВЕННЫЙ
КОЛЛАГЕН	НЕРВ
ХРОМОСОМА	НЕЙРОН
ЭМБРИОН	ОСМОС
ФЕРМЕНТ	БЕЛОК
ЭВОЛЮЦИЯ	РЕПТИЛИЯ
ФОТОСИНТЕЗ	СИМБИОЗ
ГОРМОН	СИНАПС

48 - Beleza

```
Ф А М Г Ы К З У В Г П П Е Э Ю Ц
О Т Р Х Л О Б Е Ц Я Я И Р Л И Ы
Т Н Н О Щ Ж Ш И Р Ь И У Б Е Н Т
О Х А Э М А Р Н С К Ц М Щ Г О Б
Г А Н Л Ф А Е А Л С А М К А Ж Ь
Е Ь Б Е Ф Г Т В П Ж Р Л Ъ Н Н Ж
Н Ы Ь Г Г К С О Ж О Г Р О Т И Ю
И К Т А Л О И Р В И М Д А Н Ц Ш
Ч У П Н А У Л А О Г О А И Ы Ы Е
Н Д Р Т Д Ф И Ч И У Н Ъ Д Й Я Ч
Ы Р О Н К Ц Т О Г Л Я П Д А Ц Я
Й И Д О И О С К О С М Е Т И К А
М У У С Й Ф А Ы Л У У У И Ж М Ж
Н М К Т Ц В Е Т М Ц Ю Щ Н Х Б П
Х Ж Т Ь Н У П М А Ш Р С У М И А
Т В Ы Ц Х Т Щ Ч Х В О С Я Ъ П Ы
```

ПОМАДА	АРОМАТ
КУДРИ	ГРАЦИЯ
ОЧАРОВАНИЕ	МАСЛА
ЦВЕТ	КОЖА
КОСМЕТИКА	ПРОДУКТЫ
ЭЛЕГАНТНЫЙ	УСЛУГИ
ЭЛЕГАНТНОСТЬ	ГЛАДКИЙ
ЗЕРКАЛО	НОЖНИЦЫ
СТИЛИСТ	ШАМПУНЬ
ФОТОГЕНИЧНЫЙ	

49 - Água

```
Я Д Р В О О Н А Г А Р У П А Р С
Ц И Е Б Л Ч Ч А Ъ Ц П Х К Ъ Ч Т
О Д К Ж Х А Р Ь В Я Ш Г А Л Л Е
В Ц А Ч У А Ж В П О У М Н И Б Л
Г Ь Е Ь В Г Г Н Г Ц Д К А Я Ш В
Е Б О Е О Р Е З О Н Ф Н Л Ц Ж О
И С П А Р Е Н И Е С Ь Ж Е Л П Л
Н М Щ С Ъ З С П Н Я Т У Л Н П Н
Е Ы Г Г Т Й Р Б И Ш К Ь Е А И Ы
Ш Ы Ъ Ы Ф Е Ъ Д Ъ Т Щ Б Д В О Е
О К Е А Н Г Ф О Ж Ц Ь О Ф Д Я Ф
Р М У С С О Н Ж Я Ч Ш Е Н П Ж Ю
О А О Ь Л А Ц Д Т Н С Ц В Ф Ц Ц
П Ъ М М Р Ж Ю Ь Ц Е Ь Б Я О Г Ж
Б М О Р О З Г Ж П Ы Х Ю Г Ш Й У
Г Ь Ш У Ц С Ш Ъ Г А И Т Р К В Ц
```

КАНАЛ	ОЗЕРО
ДОЖДЬ	МУССОН
ДУШ	СНЕГ
ИСПАРЕНИЕ	ОКЕАН
УРАГАН	ВОЛНЫ
МОРОЗ	ПИТЬЕВОЙ
ЛЕД	РЕКА
ГЕЙЗЕР	ВЛАЖНОСТЬ
НАВОДНЕНИЕ	ПАР
ОРОШЕНИЕ	

50 - Filantropia

```
Ъ Т Х М Х Ш Ю М Б Ъ Я Ы И Х Ш П
И У Е В У Ъ Ж Ч О М И С С И Я Р
Е Ъ Ъ Ы Д Н О Ф Н Л Р Ч Ь К Ф О
Щ Ь М М Е Ц Е Н Ж С О Ъ Е Т П Б
А Е С М Я К Ж Ь У Ы Т Д Ы В Л Л
Н Ъ Д А Ж Ф Ь Ф Н Ю С Т Е Х А Е
Ы П Е Р И Б Р Ч Ш Г И Т У Ж Ъ М
Р К Г Г О В Т С Е Щ Б О О С Ь Ы
Д А Ж О У С Ь Ж Ц Е Л И С Ц Б В
Ы Е Ъ Р М О Т Ш Ч П М Ч С Ы Б Ж
П Т Т П Н Б В Ь Т С О Н Т С Е Ч
П О С И К О Н Т А К Т Ы Ю Н Л Л
У Ч Е Л О В Е Ч Е С Т В О А Ю Ц
Р О Б Щ Е С Т В Е Н Н Ы Й Н Д И
Г Л О Б А Л Ь Н Ы Й Н Г А И И М
В Е Ь Щ Щ Ь Д У П Г О С Л Ф Ф Я
```

СООБЩЕСТВО	ЧЕСТНОСТЬ
КОНТАКТЫ	ЧЕЛОВЕЧЕСТВО
ДЕТИ	МОЛОДЕЖЬ
ПРОБЛЕМЫ	МИССИЯ
ФИНАНСЫ	НУЖНО
ФОНДЫ	ЦЕЛИ
ЩЕДРОСТЬ	ЛЮДИ
ГЛОБАЛЬНЫЙ	ПРОГРАММЫ
ГРУППЫ	ОБЩЕСТВЕННЫЙ
ИСТОРИЯ	

51 - Família

```
Ь В Е А К И Н Н Я М Е Л П Т Ж В
К Ц П Ь Ь Н Д Е Д У Ь Л Р Ф Т Л
Н М Л Ц К Я Е Ф Л Ж Ц И Ц Я О Ж
Ь О Ц Б Ш Ь Т А М Д Е Т С Т В О
Г У Ф В В П И Е Ь Р Т Ф Е Ш Ж Л
Д Ж А Ю Ш Н Д Т Т Ш О Б Щ К М Я
М А Т Е Р И Н С К И Й Н К О Ц Д
Ю В Р И Я Я О А Ц Щ Ъ К У Н В Е
Б А Б У Ш К А Ц И Н Н Я М Е Л П
С Е С Т Р А О А Ж Г Б Д Ы Б П Я
И К С Р К Н Ы Д Ы У Р Я Я Е Ю С
Ц Ь Ч Щ Ф Е Т Е Е С А Д Ш Р Ю У
О И Т О Е Ж Е Н Ф Р Т Д А Х Ш Л
О Т Ц О В С К И Й Ч П О О Ш М К
Щ Ф М Ъ К Ь Д Х Я Т Б Ч В П К В
Л Ш Я Ф П Я Р Ц Р О П Ь А Ф Д Д
```

ПРЕДОК	МУЖ
БАБУШКА	МАТЕРИНСКИЙ
ДЕД	МАТЬ
РЕБЕНОК	ВНУК
ДЕТИ	ОТЕЦ
ЖЕНА	ОТЦОВСКИЙ
ДОЧЬ	ПЛЕМЯННИЦА
ДЕТСТВО	ПЛЕМЯННИК
СЕСТРА	ТЕТЯ
БРАТ	ДЯДЯ

52 - Férias #2

```
П О Я Ц И Х Ц Ы Ц Ь Ф Д Г А Ь Ы
В У Т И С М Е Р О М О Б И Э К Л
Щ Ь Т Е Д Ъ Н О К Щ Т Е Ш Р А Д
В М Р Е Л У А Г Ь Л О С Щ О Р Ш
Р Щ Д Ш Ш Ь Р Г Л С Р Ч К П Т Г
П А Ь К Т Е Т Р О П С А П О А Ю
Т Г К Ц Г У С О Д У Ы М Е Р Ц А
Б Р Ю Н А Р О Т С Е Р Г И Т А Л
К Б А Т Е И Н А В О Р И Н О Р Б
А Л О Н И У И З К И Н Д З А Р П
Ч Ш Ж Е С У О И Ы Ь Е Ь Н Ы С Ш
Щ П Ж Щ К П Щ В К Е М П И Н Г Ц
Щ Л Я Щ А А О О С Т Р О В М Я Г
П А Л А Т К А Р Ж К Е Ф Я Ж Ъ В
Ш Г П Ч Щ Р Б Ж Т Щ С Г В Ф Т Ж
Ь Щ В Л Ю Н Я Х М К Ш Ы Ю Ю Ц К
```

КЕМПИНГ	ГОРЫ
АЭРОПОРТ	ПАСПОРТ
ИНОСТРАНЕЦ	ПЛЯЖ
ПРАЗДНИК	БРОНИРОВАНИЕ
ФОТО	РЕСТОРАН
ОТЕЛЬ	ТАКСИ
ОСТРОВ	ПАЛАТКА
ДОСУГ	ТРАНСПОРТ
КАРТА	ПУТЕШЕСТВИЕ
МОРЕ	ВИЗА

53 - Edifícios

```
Е И К Ф Ш Д Е Ь Г В К Ц Х О И Н
Ф Е Р М А Л О К Ш С Ф О Т Е Л Ь
Ъ Д С О М Д М П Ю Д Ф Ю М Ж Й Ц
П О С О Л Ь С Т В О К Р Т А Е Т
Б В Ж М Ю Л Ц Ш Щ Т В А Ч Р З Е
У А С Ш С Е Т В В Г А Б О А У К
К З Ш Ъ Ф Д Б Р А Е Р М Е Г М Р
Щ Щ В Н Ь Л Б Б А К Т А Л А П А
С Б Б Ш Я Ш О Л Н О И Д А Т С М
Щ Н Д Р Я И Р О Т А Р О Б А Л Р
Я Ъ Н У Н Ц Ц Ц Ц Щ А М С Б Е Е
О Б С Е Р В А Т О Р И Я Я В Ю Ь П
Б О Л Ь Н И Ц А Щ Я Я Р Б И Ж У
Д Е Х Р Я Ф Ю Х Б Ъ К И Н О П С
У Н И В Е Р С И Т Е Т Я Ф Н Ш Т
Ы Ы Я В Щ М Д Б Е М Ъ Д Л Ю Д И
```

КВАРТИРА	БОЛЬНИЦА
ЗАМОК	ОТЕЛЬ
АМБАР	ЛАБОРАТОРИЯ
КИНО	МУЗЕЙ
ПОСОЛЬСТВО	ОБСЕРВАТОРИЯ
ШКОЛА	СУПЕРМАРКЕТ
СТАДИОН	ТЕАТР
ФЕРМА	ПАЛАТКА
ЗАВОД	БАШНЯ
ГАРАЖ	УНИВЕРСИТЕТ

54 - Xadrez

```
П А С Л Р Я Ж Ь П О С А Д У Ч У
Ы Р Н Щ П С Е С Т Р А Т Е Г И Я
Б Щ О Т Ю И Р Ю Е И М Ц П Ч К Т
Г А И Б Ь Ц Т Ч Т Н Р Ф И Е Ч Ь
Л Ф П Ю Л В В Р А Р П О Ю И О Б
Ъ Р М П А Е А Ч У У Ц П Ц Г Т К
Ф Й Е О Н А М Й Ш Т Ы П Ъ Р П О
Ь Ы Ч Е О А Ь Ы Ъ Ы Е О Я А Ъ Р
В Н О И Г Ж С Н Д Х М Н Ц Л Щ О
Б Р В У А Ю Ы В Е Б Ф Е С И Ц Л
Ш Е Е Ы И Щ К И Ц Л Г Н У В Ы Е
Д Ч Л М Д С И С П С Ы Т Ч А Ц В
Л И Ю Ы Я С Г С К О Н К У Р С А
Р Е Ю Щ Й Х Р А Щ Н Г Ц Ъ П Ч М
Ш Е М Г Д Щ О П Ч Б Ф С Л К О Ц
К О Р О Л Ь К М Л Д Д Ю Ь Ю Д Д
```

БЕЛЫЙ	ПАССИВНЫЙ
ЧЕМПИОН	ТОЧКИ
КОНКУРС	ЧЕРНЫЙ
ПРОБЛЕМЫ	КОРОЛЕВА
ДИАГОНАЛЬ	ПРАВИЛА
СТРАТЕГИЯ	КОРОЛЬ
ИГРОК	ЖЕРТВА
ИГРА	ВРЕМЯ
ОППОНЕНТ	ТУРНИР

55 - Aventura

```
Ъ О Щ В Ю Х Б Н Я Н Ф Щ О С Щ Э
П Р И Р О Д А Н Ь А Т О С А Р К
И А П А А Г Д Т Т В О Ю Н П Д С
М Ш М Ш Д М А Ы Е И П О А О Е К
Н Е О Б Ы Ч Н Ы Й Г А А Ш Д Я У
Ц Б Ю А М Щ Ф В Ы А С Ж Ы Г Т Р
Ж Э Х И Е Л Ъ О В Ц Н Ъ Д О Е С
Х Н Б Ш Л К Р З О И Ы М Н Т Л И
Р Т Ж Р Б Ъ И М Н Я Й А Ю О Ь Я
А У Ф М О Ж Ц О У В Ю Р Ъ В Н Ь
Б З Ш Ч Р Ф Г Ж Ъ Ц Ы Ш Ь К О З
Р И А К П Л Ю Н Ц М У Р Ъ А С У
О А У Х С А Д О В Д В У А Ц Т Р
С З Я Г Ъ Д Е С Т Р Ь Т О Т Ь Д
Т М Л Л Ш Х Ю Т Е К Н Ж А М Г Б
Ь Т С О Д А Р Ь Т С О Н Д У Р Т
```

РАДОСТЬ	ЭКСКУРСИЯ
ДРУЗЬЯ	НЕОБЫЧНЫЙ
ДЕЯТЕЛЬНОСТЬ	МАРШРУТ
КРАСОТА	ПРИРОДА
ХРАБРОСТЬ	НАВИГАЦИЯ
ШАНС	НОВЫЙ
ПРОБЛЕМЫ	ВОЗМОЖНОСТЬ
ТРУДНОСТЬ	ОПАСНЫЙ
ЭНТУЗИАЗМ	ПОДГОТОВКА

56 - Cidade

```
У  С  Ь  Ц  Ф  Е  У  Ю  Т  Р  О  П  О  Р  Э  А
Я  Д  Ы  Ю  Л  Б  Н  Щ  Е  Т  Н  Ю  Ь  Ы  Г  Л
В  Д  С  Ш  О  Т  И  Ю  К  А  И  О  Ф  Н  Я  О
Щ  Г  А  Д  Р  Л  В  Ц  Р  Е  К  У  Е  О  З  К
Я  Х  Л  Ш  И  М  Е  Л  А  Т  К  Ю  Д  К  О  Ш
П  Ч  О  Г  С  Ч  Р  Щ  М  О  Д  Н  Т  О  О  Ц
В  Е  Н  Ъ  Т  М  С  Б  Р  Ф  Т  С  К  Ф  П  Ч
Н  Н  К  Т  Е  У  И  Р  Е  А  К  Е  Т  П  А  С
Р  Ф  Ч  А  Н  Ц  Т  Е  П  Л  Х  Ъ  Л  Ф  Р  Б
Д  К  Ж  Ф  Р  Ф  Е  Н  У  И  Г  Ц  П  Ь  К  И
Б  А  Н  К  Н  Н  Т  А  С  Г  А  Л  Е  Р  Е  Я
П  А  О  Т  В  Ю  Я  К  Л  И  Н  И  К  А  Ж  У
К  Б  А  П  О  Е  М  У  З  Е  Й  Ъ  Б  Ф  Ц  Б
Б  И  Б  Л  И  О  Т  Е  К  А  Д  Б  С  Р  Я  П
С  Т  А  Д  И  О  Н  А  Р  О  Т  С  Е  Р  М  Ч
Ы  С  Ъ  Ю  Я  Б  П  Ф  Е  Х  Е  Я  Я  Д  Ю  Ш
```

АЭРОПОРТ	ОТЕЛЬ
БАНК	ЗООПАРК
БИБЛИОТЕКА	РЫНОК
КИНО	МУЗЕЙ
КЛИНИКА	ПЕКАРНЯ
ШКОЛА	РЕСТОРАН
СТАДИОН	САЛОН
АПТЕКА	СУПЕРМАРКЕТ
ФЛОРИСТ	ТЕАТР
ГАЛЕРЕЯ	УНИВЕРСИТЕТ

57 - Música

```
О  М  Г  Д  Н  О  И  Ь  В  Ы  Ъ  Щ  Ы  Н  А  В
Д  К  И  А  Р  Е  П  О  О  О  Б  Х  Д  В  Я  К
Е  Е  Л  К  Р  Д  Е  Ш  К  Л  П  Е  В  Е  Ц  Я
Т  Г  Ъ  А  Р  М  П  И  А  К  Ь  Я  О  Т  Е  И
Ъ  К  Т  Ж  С  О  О  Р  Л  Е  У  Ц  У  О  Г  С
У  Ш  Н  Г  Ж  С  Ф  Н  Ь  Щ  Н  Ь  У  Е  Р  Ч
А  Я  А  Ы  А  Ф  И  О  И  Я  К  Ф  Ь  П  В  Щ
О  И  К  Т  Л  Ъ  Н  Ч  Н  Я  З  А  П  И  С  Ь
Р  Д  Ы  Щ  Ь  К  Т  Н  Е  М  У  Р  Т  С  Н  И
Л  О  З  П  Б  Ф  Б  Ь  Р  С  О  В  Щ  Р  Ъ  Т
Ь  Л  У  Д  О  Ю  К  М  И  Г  К  Г  К  Щ  Х  Н
Т  Е  М  П  М  Б  О  Ю  Т  А  К  И  Т  Э  О  П
Е  М  Е  Й  Ы  Н  Ч  И  М  Т  И  Р  Й  Я  Р  Ы
П  Л  И  Р  И  Ч  Е  С  К  И  Й  Х  Г  К  Ж  Щ
М  У  З  Ы  К  А  Л  Ь  Н  Ы  Й  И  О  Ч  Ц  В
Б  А  Л  Л  А  Д  А  В  Н  С  К  Л  Т  Ж  Ф  Я
```

АЛЬБОМ	МЕЛОДИЯ
БАЛЛАДА	МИКРОФОН
ПЕТЬ	МУЗЫКАЛЬНЫЙ
ПЕВЕЦ	МУЗЫКАНТ
КЛАССИЧЕСКИЙ	ОПЕРА
ХОР	ПОЭТИКА
ЗАПИСЬ	РИТМ
ГАРМОНИЯ	РИТМИЧНЫЙ
ИНСТРУМЕНТ	ТЕМП
ЛИРИЧЕСКИЙ	ВОКАЛ

58 - Matemática

```
У  Г  С  Щ  С  Ц  Ь  И  К  Ц  Е  Б  П  А  В  Д
С  Г  Н  П  Я  И  Ц  К  А  Р  Ф  Б  С  Ш  С  Е
Ш  П  Л  С  У  Ч  М  Ш  Ь  Ы  Ф  В  У  У  Ш  С
С  Ш  Ь  Ы  Р  У  Ч  М  Д  Р  Ь  Ч  М  Р  Р  Я
К  И  Н  Ь  Л  О  Г  У  Е  Р  Т  У  М  Ц  О  Т
П  А  Р  А  Л  Л  Е  Л  Ь  Т  Н  С  А  П  П  И
У  К  М  Ж  Д  П  Ж  Ч  Е  Е  Р  У  Л  Л  Р  Ч
Р  И  Я  Ф  Ъ  Ф  Г  Ю  К  М  Щ  И  Т  О  П  Н
А  Т  Х  А  У  Г  Р  Ы  Л  И  Я  Д  Я  Щ  О  Ы
В  Е  О  Б  Ъ  Е  М  Ф  Ф  Р  У  А  Д  А  Л  Й
Н  М  С  Г  Ъ  Д  И  А  М  Е  Т  Р  Ь  Д  И  Г
Е  Ф  Ч  Ф  Т  Н  Е  Н  О  П  С  К  Э  Ь  Г  Ш
Н  И  И  Г  Е  О  М  Е  Т  Р  И  Я  С  А  О  Ж
И  Р  С  Т  П  Ь  Ж  Ь  Р  М  И  Б  Н  Ж  Н  Г
Е  А  Л  П  Е  Р  П  Е  Н  Д  И  К  У  Л  Я  Р
Г  У  А  П  Р  Я  М  О  У  Г  О  Л  Ь  Н  И  К
```

АРИФМЕТИКА	ПЕРИМЕТР
УГЛЫ	ПЕРПЕНДИКУЛЯР
ДЕСЯТИЧНЫЙ	ПОЛИГОН
ДИАМЕТР	ПЛОЩАДЬ
УРАВНЕНИЕ	РАДИУС
ЭКСПОНЕНТ	ПРЯМОУГОЛЬНИК
ФРАКЦИЯ	СИММЕТРИЯ
ГЕОМЕТРИЯ	СУММА
ЧИСЛА	ТРЕУГОЛЬНИК
ПАРАЛЛЕЛЬ	ОБЪЕМ

59 - Saúde e Bem Estar #1

```
Ж К Ц И Р Л И С Л Ж О В Н Ъ Н Л
Н Е Р В Ы Н О М Р О Г Ы Д Ц Ъ М
Б С Е С И М А С Ч П К С У Р И В
Е С Г М С Ф Ц Н Ц О Ч О И Г Н Щ
П Р И В Ы Ч К А Я З Ф Т В Ю Щ П
Р Б О Ю Н А Ы К Р А А А Ж О К Е
Е О А Н Ь Р Х Е Е И Н Е Ч Е Л Р
Л А Г К Д В Т Т Ф Т И Е Е Ч Р Е
А К К О Т Ъ Я П Л С Ц А Ж Ч Ш Л
К И П Т Л Е Ц А Е О И Ж Д Я Щ О
С Н Ь Е И О Р Я К К Д Ь Ц В Ц М
А И К Б П В Д И С Ф Е Ш Н Т Я Е
Ц Л Ц Я Р Ф Н Р И Щ М О Ф Ц Е Ж
И К Н Ц В Т Н Ы А С Е Т В Ф Р М
Я И П А Р Е Т Г Й Ц Ч Ц О Ж Ы У
Ы К Д Ш Г О П Н Ж Н Ы Р Ф М Х Ъ
```

ВЫСОТА	МЕДИЦИНА
АКТИВНЫЙ	НЕРВЫ
БАКТЕРИИ	КОСТИ
КЛИНИКА	КОЖА
ВРАЧ	ПОЗА
АПТЕКА	РЕФЛЕКС
ГОЛОД	РЕЛАКСАЦИЯ
ПЕРЕЛОМ	ТЕРАПИЯ
ПРИВЫЧКА	ЛЕЧЕНИЕ
ГОРМОНЫ	ВИРУС

60 - Imigração

```
И Д Ь Р Р Ж И В Г О И М Ы К Т С
М И Е Щ Ы Ц И Н А Р Г У Ц Ч О М
Н А Р К Х Ь О Ж Т Ж Ю У О Ж Ц
У Я И Ц А Р Т С И Н И М Д А Ъ Б
Д Т У Л Ы А Д Ы Щ Л Ж Р Ь Ъ Г Л
О К В Г У Ф Л Ю А Ь Ь Щ О М О П
К Р К Е К Ю К В З Я Р Е Ц И Ф О
У А Ь Р Р С Т Р Е С С Ы П Т Ш Ы
М Й Ф Г Р Ж Ч Я К Д И Л Р Е О Х
Е Н О К А З Д М Ы В Ъ С О Д Т Х
Н И У Я Е И Н Е Ш Е Р О Ц М Л Ч
Т Й Т Ч Б Н В У Н П Г Р Е Р К Г
Ы С Ю Я И Ц А У Т И С З С Н Ш У
Г Р Ы Я Л У И Ч Л Ж Е В С У Б Щ
Ь О Я З Ы К П Е Р Е Г О В О Р Ы
Ю К К О М М У Н И К А Ц И Я К Я
```

АДМИНИСТРАЦИЯ   ЗАКОН
ВЗРОСЛЫЕ   ЯЗЫК
ПОМОЩЬ   ПЕРЕГОВОРЫ
УТВЕРЖДЕНИЕ   ОФИЦЕР
КОММУНИКАЦИЯ   КРАЙНИЙ СРОК
ДЕТИ   ПРОЦЕСС
ДОКУМЕНТЫ   ЗАЩИТА
СТРЕСС   СИТУАЦИЯ
ГРАНИЦЫ   РЕШЕНИЕ
ЖИЛЬЕ

61 - Natureza

```
Х И П Д Б К И Я Л Б Й Р Ч Е У О
О М Р У О Щ Е Щ И Л И Т Я В С К
П П Ъ С С Л Г М С У К Р Ы Т И Е
Г Ь С Ю С Т Ж Д Т Р И Я А В Ц Г
Ж Т Ы Ъ Ш Ж Ы О В Е Д О Е О О У
Ъ И Р Ь Р Л Р Н А К И Н Д Е Л О
Х Т В Ч Л Щ О А Я А Щ Ю К Ы Ы О
Ш Л Х О В Ъ Г М К Р А С О Т А Ж
Ф У И Ш Т Ь Е У Ю И Т Н И К М Я
С Ч Ж Ш Р Н Ш Т С Ь Э Р О З И Я
Б Я М Ь Б Й Ы Н Р И М Ъ К Т А Я
Д У М Х У Ц Ы Е Е Ы Щ У Ж Л Е С
У Г Д О А Ъ Ф А К А Л Б О К Е Т
С А Б Я К А Р К Т И Ч Е С К И Й
Д И Н А М И Ч Е С К И Й Ч К Ъ П
Б Е З М Я Т Е Ж Н Ы Й Щ Я П Д Ш
```

ПЧЕЛЫ	ЛЕДНИК
УКРЫТИЕ	ГОРЫ
ЖИВОТНЫЕ	ТУМАН
АРКТИЧЕСКИЙ	ОБЛАКА
КРАСОТА	МИРНЫЙ
ПУСТЫНЯ	РЕКА
ДИНАМИЧЕСКИЙ	СВЯТИЛИЩЕ
ЭРОЗИЯ	ДИКИЙ
ЛЕС	БЕЗМЯТЕЖНЫЙ
ЛИСТВА	

62 - Doença

```
Д Ь Ю Я Ц К З К Р М К Ы Н А Ж У
Г М Е Я И Т А П О Р В Е Н М Ф Г
Х О Ь Е Ц Д Р Е С С Ю К Ъ С Ф Г
Ю Р В Щ О Д А И Н Х Т Ю Ж Х У Е
Л Д О Е Ъ Ь З Н Ь Ц С И В Ц И Н
Й Н Р Н Х Я Н Е С Л А Б Ы Й М Е
Ы И О Д И Я Ы Л А П Г Ь Щ О М Т
Н С Д Ы Е Ч Й А О Г Ш М Ъ Н У И
Ь Л З С К К Е П Ц И Ж И У Ш Н Ч
Л Й Ы Н Ч И Н С Я О П В Ш Ю И Е
Е А Л В Й Ч Ы О К В П Р У Р Т С
Т Ю Ф У Ы Ы У В Ц И Щ Ь У Б Е К
А Л Л Е Р Г И И Г Ш Й К Б Н Т И
Х Б А К Т Е Р И А Л Ь Н Ы Й Д Й
Ы О Ъ К С Л Е Г О Ч Н Ы Й Ъ К С
Д Ц К Ф О Т Е Л О Т Е Р А П И Я
```

БРЮШНОЙ	ИММУНИТЕТ
ОСТРЫЙ	ВОСПАЛЕНИЕ
АЛЛЕРГИИ	ПОЯСНИЧНЫЙ
БАКТЕРИАЛЬНЫЙ	НЕВРОПАТИЯ
ЗАРАЗНЫЙ	КОСТИ
СЕРДЦЕ	ЛЕГОЧНЫЙ
ТЕЛО	ДЫХАТЕЛЬНЫЙ
ХРОНИЧЕСКИЙ	ЗДОРОВЬЕ
СЛАБЫЙ	СИНДРОМ
ГЕНЕТИЧЕСКИЙ	ТЕРАПИЯ

63 - Aquecimento Global

```
А Ф У Ц Ш Г У Г Щ Ф Й И Э Я П Ч
Р Г Ч Ь Щ Е Ю А А Т Ы М К М Р Ж
К П Е Ф К Ы Ю Р В Х Н Щ О Х А Б
Т Ь Н Ф Р Н Б Ю Г С Д Д Л Б В Д
И Р Ы Я И Н Е Л О К О П О В И А
Ч А Й Б З А Е Ъ Ж К Р О Г Н Т А
Е Ь Я Д И Д П Ъ Т В А С И И Е И
С Ш Ж Р С А Ч Й Е С Н Л Ч М Л Ю
К Я Е Т А М И Л К В У Е Е А Ь Ъ
И Я И Ж Ч З Е Ж О А Д Д С Н С Б
Й Б Г Г А З В Ф Я Ф Ж С К И Т У
Ч К Х Ж Р Ю Ш И М С Е Т И Е В Д
Х В Б Ж Ч Е Р О Т Д М В Й Ц О У
Н У Щ Ф А И Н Ж Л И Щ И Ъ Е Ъ Щ
Ц Ы Л С Л О К Э Б Ю Е Я Ч Ь Ш Е
П Н П П О П У Л Я Ц И И Ь Я Ь Е
```

СЕЙЧАС	РАЗВИТИЕ
ЭКОЛОГИЧЕСКИЙ	ЭНЕРГИЯ
ВНИМАНИЕ	БУДУЩЕЕ
АРКТИЧЕСКИЙ	ГАЗ
УЧЕНЫЙ	ПОКОЛЕНИЯ
КЛИМАТ	ПРАВИТЕЛЬСТВО
ПОСЛЕДСТВИЯ	МЕЖДУНАРОДНЫЙ
КРИЗИС	ПОПУЛЯЦИИ
ДАННЫЕ	

64 - Aviões

```
П Х Щ В Я П М Т В А Щ Ж С Ц Н А
Д Р Я Ч П И Р О В О Ъ В Ш Х А Т
В П И А Д Л Ч П О Б З Я М Ь П М
И А Р К Р О С Л Д Е С Д Ш М Р О
Г С О Д Л Т Щ И О Н С В У О А С
А С Т А Ы Ю Б В Р Я Я О О Х В Ф
Т А С С М Л Ч О О С Р З Ф Ь Л Е
Е Ж И О Х А Ю Е Д С Л Д М Л Е Р
Л И Ж П А П Ч Г Н Ф Л У Ц П Н А
Ь Р Э К И П А Ж П И М Ш С О И Т
П Р О П Е Л Л Е Р Ы Е Н П Г Е О
Ж Б Т Ъ Р Е Ъ Н С Г У Ы У О С С
Р А Г Е Ю Ы В Б Д Т М Й С Д Н Ы
Л Ж Ф Ш Ь Н Щ В Щ Ж Г Ш К А Ч В
У Н А Д У В А Т Ь Ь О А Г Ю Я Ф
Ю О В Т С Ь Л Е Т И О Р Т С П А
```

ВЫСОТА	НАПРАВЛЕНИЕ
ВОЗДУХ	ПРОПЕЛЛЕРЫ
ПОСАДКА	ВОДОРОД
АТМОСФЕРА	ИСТОРИЯ
ПРИКЛЮЧЕНИЕ	НАДУВАТЬ
ВОЗДУШНЫЙ ШАР	ДВИГАТЕЛЬ
НЕБО	ПАССАЖИР
ТОПЛИВО	ПИЛОТ
СТРОИТЕЛЬСТВО	ПОГОДА
СПУСК	ЭКИПАЖ

65 - Tipos de Cabelo

```
К З Д О Р О В Ы Й Т Ж Х Ю А Ф Д
Ф У У Ш В А Ы С Ы О Р Б Е Р Е С
А Б Д С А Л П О Т Л М П Н Ю Ю Ь
Л Й У Р О Ы Х К Д С Я Л Ч С С Ж
Ф Ы Ч А Я О Б Ш Л Т Г Н Ь Ь Л Ц
Ь Н С Й Ю В Б Ю И Ы К Н К К В И
Е Е Ц Ы Ф Ъ Ы К Н Й И Я У К О Б
Ъ Т Ц В Й Х Ь Й Н К Й Х Б О У Л
Х Е О Е Ы А В Ч Ы Н Д Х М Р Ъ О
Ж Л Ы Н Л В Р Ж Й Р Б Ф Х О С Н
Д П А Ч Е Й И К Н О Т Ю Ц Т Щ Д
Щ Н Б И Б О Ы С Е Р Ы Й М К М И
Ч Л Ъ Р Л Х И Н Я Ф Ъ Ц Ф А Р Н
Я Б М О О У Л И Р Д У К Ц Я И У
Н Ц Г К Ъ С М Б Л Е С Т Я Щ И Й
Ц В Е Т Н О Й У С К Ч Щ У Ю Ъ П
```

БЕЛЫЙ	БЛОНДИН
БЛЕСТЯЩИЙ	ДЛИННЫЙ
КУДРИ	КОРИЧНЕВЫЙ
ЛЫСЫЙ	СЕРЕБРО
СЕРЫЙ	ЧЕРНЫЙ
ЦВЕТНОЙ	ЗДОРОВЫЙ
КОРОТКАЯ	СУХОЙ
КУДРЯВЫЙ	МЯГКИЙ
ТОНКИЙ	ПЛЕТЕНЫЙ
ТОЛСТЫЙ	КОСЫ

66 - Formas

```
О Л И Н И Я П Х Б В У Ю С Т Щ П
Т Й Р И С М Е Ы М И Н Ь Т О Г Х
Ю Ы Ш Е О С Л Р Ь Д А Щ О Л П Ч
Ф Н О Г И Л О П Ч О К Ю Р Ю К М
Э Ь Д Ы Е Ю Ы Ъ Т Ь Ь Ф О П О Ю
А Л О Б Р Е П И Г К У Б Н Б Н Е
Р А Л Ш У Ъ Ю Д У Ш Щ И А В У Б
Е В Ж И Ж Ч Н В Р Ц Д Г М Г С Е
Ф О Т Ш П Д П Б К Л К З З Ч У Х
С Х Р Ч П С Ю Н Ч Ж Л И И Т О Д
П Ю Ь И К Щ О А Д И М А Р И П Т
У Х Г Б Л Ж О Н Ы Б Я Ы П Б Е Н
Ю Ц И Л И Н Д Р И Ж Н Ю У Ц Ъ П
Р И У Б Н Р Ы Я В Ч Н Т Д Г К Ч
У П Р Я М О У Г О Л Ь Н И К О Ы
Т Р Е У Г О Л Ь Н И К Б Д С Л Л
```

ДУГА	СТОРОНА
УГОЛ	ЛИНИЯ
ЦИЛИНДР	ОВАЛЬНЫЙ
КРУГ	ПИРАМИДА
КОНУС	ПОЛИГОН
КУБ	ПРИЗМА
ИЗГИБ	ПЛОЩАДЬ
ЭЛЛИПС	ПРЯМОУГОЛЬНИК
СФЕРА	ТРЕУГОЛЬНИК
ГИПЕРБОЛА	

67 - Dias e Meses

```
М И Ш Ъ Ш М М Д П Ж С Х Н Я О Ы
Ъ Е Р Д Я Е Д Е Я Х Е М О Н Х Ю
А У С Ы Е Ю О К Т Ъ Н Н Я В А И
Х П Ь Я В Ц В А Н Д Т С Б А В Н
В Ч Р Ь Ц Б Ц Б И Д Я Е Р Р О Ж
Ф Ю Г Е Г И Г Р Ц Ю Б Ъ Ь Ь С Ю
Ж Ф Б Я Л Г М Ь А Т Р К Л Р К С
К А И К Ъ Ь М Е У Г Ь Ж Ю А Р У
Т Г Ц О Л Ц Д Я П О Р Я И Д Е Б
Х Д Ъ С О И Ю Н Ь Д Б В Б Н С Б
Ф Е В Р А Л Ь Ф Н Ь Я В Л Е Е О
А В Г У С Т Г Р Е В Т Е Ч Л Н Т
Ь Р Я К Н Р Ы А Д Ч К Ц П А Ь А
В Т О Р Н И К У Е Б О К И К Е И
Б Б О Ы К И Н Ь Л Е Д Е Н О П Д
Е С М К М Ь Ь В Я К А Ч Я В Ю Щ
```

АПРЕЛЬ	МЕСЯЦ
АВГУСТ	НОЯБРЬ
ГОД	ОКТЯБРЬ
КАЛЕНДАРЬ	ЧЕТВЕРГ
ДЕКАБРЬ	СУББОТА
ВОСКРЕСЕНЬЕ	ПОНЕДЕЛЬНИК
ФЕВРАЛЬ	НЕДЕЛЯ
ЯНВАРЬ	СЕНТЯБРЬ
ИЮЛЬ	ПЯТНИЦА
ИЮНЬ	ВТОРНИК

68 - Saúde e Bem Estar #2

```
Д И Е Т А Ц Ы М Ь Б Н И Б Х З Е
К К Ь Ь Е Р Щ А Я О А П О Е Д Ы
Я Т Х Ц Ю Н Ц С О Л С И Л С О Ж
Ж Д В Б Ы Б К С Ц Ь Т Щ Е Я Р Ы
А Х Л Д Г М Ь А Х Н Р Е З Т О И
В И Т А М И Н Ж О И О В Н Е В Р
Я И Р О Л А К А В Ц Е А Ь Ю Ы Б
И А Н А Т О М И Я А Н Р Х Р Й К
Ц Е Ю Л Э Ъ О К В Р И Е Ы П Ь П
К Р О В Ь Н А К И Т Е Н Е Г Ъ Г
Е Т Л В Е С Е К Ъ Х Я И Р Д Х Л
Ф Ф Е Р У Г Л Р Ъ А Н Е И Г И Г
Н В Т Д Р Д Я И Г Р Е Л Л А Х Ц
И Ц Б Ь Х Л В В Т И Т Е П П А Ь
Ш Н Ч Я Я П М Щ Ч В Я Д С О Х С
И О Б Е З В О Ж И В А Н И Е Р Ч
```

АЛЛЕРГИЯ	ГЕНЕТИКА
АНАТОМИЯ	ГИГИЕНА
АППЕТИТ	БОЛЬНИЦА
КАЛОРИЯ	НАСТРОЕНИЕ
ТЕЛО	ИНФЕКЦИЯ
ОБЕЗВОЖИВАНИЕ	МАССАЖ
ДИЕТА	ВЕС
ПИЩЕВАРЕНИЕ	КРОВЬ
БОЛЕЗНЬ	ЗДОРОВЫЙ
ЭНЕРГИЯ	ВИТАМИН

69 - Geografia

```
О К Е А Н И Ю К Я Х Е П Н Л О Р
Ч Ш Х Р Р И М А Б З К М Г Г Р Б
Е А Я Ю Е Д Н Р Л А Ш И Р О Т А
М М Д А Г В Е Т Ю П М Ш И П Щ Н
Ю Ь Л Е И Ч Е А Ж А О Ч С Ь Ч О
Г Ж Я Н О Ш Т С С Д Р С Ю Ж Л У
Ф О Ф Х Н О Е А Т Ж Е Ж Я Ь Ю П
О С П Г Ы Л В Л Н Р Б Ф К Ю Ц С
Х Х Щ Б О П Р Т Ц Х А Р О Г Г К
Ю Ь В Т Ц Р Ж А Г П К Н Х Е Ч В
Ъ И Ы Ш В Л О О Ы А Е Ю А А К О
Г Г С О Ч Л В Д М Е Р И Д И А Н
В К О К О Н Т И Н Е Н Т Ы Х Ъ А
П Д Т О С Т Р О В Т П Ь И Р Ч Ш
Б Х А Р Е Ф С У Л О П М Н Щ О О
Т Е Р Р И Т О Р И Я Ъ С Р Ф Ц Ю
```

ВЫСОТА
АТЛАС
ГОРОД
КОНТИНЕНТ
ПОЛУСФЕРА
ОСТРОВ
ШИРОТА
КАРТА
МОРЕ
МЕРИДИАН

ГОРА
МИР
СЕВЕР
ОКЕАН
ЗАПАД
СТРАНА
РЕГИОН
РЕКА
ЮГ
ТЕРРИТОРИЯ

70 - Antártica

```
О Ю Ь Л Е Т А В О Д Е Л С С И К
Ц Щ В О П Ч В И О Ж О Б Л Ь Ш О
Ш Ь О Х А Ч О Л Т Д П Я Е Ъ О Н
В Я Р Д Е Д Р А Б Е А И Д В Ц Т
К И Т Ы И Н Т З Ф Л Р Ц Н Щ О И
П Ц С Д Н У С Е П И Ж И И Н С Н
И А О Х Е Ш О П Т О Ю Д К Щ Ю Е
Н Р У Н Н Б Я Щ П А Ь Е И Г Ы Н
Г Г Л Ю А Р У Т А Р Е П М Е Т Т
В И О Р Р У С Ы Ж В Ъ С У В Ю Ш
И М П Щ Х Л Ч М Е Я Ю К Я Ь Р О
Н Ч Х У О Ш Б Н Ц Х Ы Э Р Х Ф С
Ы И Г Ч С А Б Й Ы Т С И Л А К С
Б У Х Т О Ч К А Г Й Т У В И К Ь
Ъ Х С Е Ч М И Н Е Р А Л Ы А И Ъ
Ю К Е Х Ц Ч Г Е О Г Р А Ф И Я Л
```

ВОДА	ГЕОГРАФИЯ
ЗАЛИВ	ОСТРОВА
КИТЫ	ИССЛЕДОВАТЕЛЬ
НАУЧНЫЙ	МИГРАЦИЯ
СОХРАНЕНИЕ	МИНЕРАЛЫ
КОНТИНЕНТ	ПОЛУОСТРОВ
БУХТОЧКА	ПИНГВИНЫ
ЭКСПЕДИЦИЯ	СКАЛИСТЫЙ
ЛЕДНИКИ	ТЕМПЕРАТУРА
ЛЕД	

71 - Flores

```
О Т Е Ц М А Ъ Н Е Я Я Ь Г Ш Щ Ф
Б У К Е Т Л Ж А С М И Н И Ы Л У
М Ч М Л Н У К Ф Ъ В Р Е Б А Е Я
Ю Г И Ф П Д Ч Ы Б Л Е Р И Ч П Ф
Я И Л И Л Н Ъ П Ы Ц М И С Ы Е К
Я Е Ж Н Ы Е Ь П И К Ю С К С С Н
П О Д С О Л Н У Х Ю Л Б У Ц Т А
П Ъ С И И А Р Г И А П Х С Н О П
Ш И Ф К Х К Н И Г Ф Р О З А К Ь
Р Ю О Ъ Ц Р В У А А Д Н А В А Л
Ю Ч С Н А У О Я Ъ А Р Я Ъ Щ Е Ю
М А Р Г А Р И Т К А Ь Д Ы И И Т
Щ М К Л Е В Е Р Л Е Ж Я Е М Щ Ю
М А М А Г Н О Л И Я У Р Ю Н И К
К К И Ч Н А В У Д О Ъ Ф А П И Р
О Щ Ш П Х У Ы Ч М Л О О Т Г Е Я
```

БУКЕТ	МАГНОЛИЯ
КАЛЕНДУЛА	МАРГАРИТКА
ОДУВАНЧИК	ОРХИДЕЯ
ГАРДЕНИЯ	МАК
ПОДСОЛНУХ	ПИОН
ГИБИСКУС	ЛЕПЕСТОК
ЖАСМИН	ПЛЮМЕРИЯ
ЛАВАНДА	РОЗА
СИРЕНЬ	КЛЕВЕР
ЛИЛИЯ	ТЮЛЬПАН

72 - Fazenda #1

```
Ь Ы Ю О А А Е З К Г Т М К Ю К В
Л Ц Р С Ц Д Ш А Н О Р О В Ы П В
Л О Л Е Я Ь М Б У Д З Т Е Л Е Ц
М Н Ш Л Г Т К О Х А Ф А И М М Ю
В Ш Ш А Ц Ъ Я Р Ы Т Ч К У П Е Щ
А У У Д М Е Г Ф С К А Т К Т Ю
П О Л Е К Ь Ю Н Ц Ц Ф Б Л Л К Н
В О Д А О Т С Е Н О Д О Ч В О Т
Л Я Г Ц Ш С Б К М С О С Щ М Р Ы
Х Г П И К Е И Н Е Р Б О Д У О Ю
Р Ы Ц Р А П Ы Б Д Я Ф Р Д К В Ю
О Ю У У П У Ф К Н Ч М М И Д А А
Ъ Ф В К Ъ Ч Ъ Х М Х О В А С Г А
Я А Е Н П Ч Е Л А Г Ъ Ш Я П А Р
Б У И О А Р Ь Ц Я П У Щ Т Ъ Д Р
С В И Н Ь Я Л М Е З Ц Г Б Я Ч О
```

ПЧЕЛА	ВОРОНА
РИС	СЕНО
ВОДА	УДОБРЕНИЕ
ТЕЛЕЦ	КУРИЦА
ОСЕЛ	КОШКА
КОЗА	МЕД
ПОЛЕ	СВИНЬЯ
ЛОШАДЬ	СТАДО
СОБАКА	ЗЕМЛЯ
ЗАБОР	КОРОВА

73 - Livros

```
К Р Щ Ф Н М Е Х Е А Р Я Т П Ю И
О А О Я Ю Щ С Т И Х Й Ю Ч О Ю С
Н С О И Я А Ь В Р Ж Ы Ж Т Э Е Т
Т С П Р И К Л Ю Ч Е Н И Е З Р О
Е К И О Ц У Е Д Ч П Р А Ш И Ю Р
К А Х Т К М Т Р Ы Д У Ц М Я Ы И
С З С С Е Е А Ц Л Н Т И В О Щ Ч
Т Ч Ф И Л С Т Ь О С А Н Х Н Р Е
Н И П Т Л Т И Х С Б Р А И А Д С
И К И Н О Н Ч Ъ О Б Е Р Г С В К
В П Ъ Р К Ы Г П М С Т Т Ю И О И
Ы В К Г Е Й Ч Ч Щ Л И С Щ П Ж Й
Э П И Ч Е С К И Й О Л Н Б А Х Г
Х А Р А К Т Е Р С В Щ Б Л Н Я Ы
А В Т О Р Ы П К К А Р У Д О Г Ь
Т Р А Г И Ч Е С К И Й Ж Ю И К Т
```

АВТОР	РАССКАЗЧИК
ПРИКЛЮЧЕНИЕ	СЛОВА
КОЛЛЕКЦИЯ	СТРАНИЦА
КОНТЕКСТ	ХАРАКТЕР
НАПИСАНО	СТИХ
ЭПИЧЕСКИЙ	ПОЭЗИЯ
ИСТОРИЯ	УМЕСТНЫЙ
ИСТОРИЧЕСКИЙ	РОМАН
ЧИТАТЕЛЬ	СЕРИИ
ЛИТЕРАТУРНЫЙ	ТРАГИЧЕСКИЙ

74 - Chocolate

```
К К А Р А М Е Л Ь Б Л Д Ч Г Ь С
О А Ю Я Л Ш Е Д Ш А Д В Ц Ь Д Л
Б Х Ч Ц Р Л С Ю Т В Ж А Т А Ы А
О Т П Е Ц Е Р Т Ю Ж У Ц Х Д Б Д
В С Ш А С И Б Щ Г Б Х К Л Ч Ы К
К Г Ш Л С Т Н Е И Д Е Р Г Н И И
Л А В К У С В Н О В Ц Ц А И И Й
П Я К О Ш О Р О П Ф Ж Б О Х Б Ы
Т Т Н А Д И С К О И Т Н А Ч А Н
О И Ж Г О А Р О М А Т Г У М Ф С
К Л И А Р А Х И С П Р Г Я Ы О У
Б Х П Д Ш Л Е Ъ О Ф Ы Ф Л Я А К
Э К З О Т И Ч Е С К И Й У Ш Н В
К А Л О Р И И С М Ф В А Ю Ж О П
К О К О С Ъ Е Ф Б Х Н П Б Ф У Ч
Л Ю Б И М Ы Й И К Ь Р О Г Р О У
```

САХАР	ВКУСНЫЙ
ГОРЬКИЙ	СЛАДКИЙ
АРАХИС	ЭКЗОТИЧЕСКИЙ
АНТИОКСИДАНТ	ЛЮБИМЫЙ
АРОМАТ	ВКУС
КАКАО	ИНГРЕДИЕНТ
КАЛОРИИ	ПОРОШОК
КАРАМЕЛЬ	КАЧЕСТВО
КОКОС	РЕЦЕПТ

75 - Governo

```
А Ы Т Ю З А К О Н И Ч Ч К П О П
К О Н С Т И Т У Ц И Я О Ы Ч Б Е
Ъ Щ О Ю О Ъ Р П П И Я Д И Щ С П
У Д Й Д П А М Я Т Н И К Ъ О У Н
Ч Я А Е И О Д Р Ц Р Ц Ж Ъ В Ж Е
М И Р Н Ы Й А О Н Т А Б П Т Д З
Ш Т С И М В О Л Б И Н Ъ Я С Е А
Щ А Й Ы Н Ь Л А Н О И Ц А Н Н В
П Р В К Х А О Т Ь Т В А Г Е И И
О К Г Т С М И П Ц И Х С Г В Е С
Л О В Т С Н А Д Ж А Р Г П А П И
И М Г Д Е Л О Х Ы Р Е Ч Ь Р Ш М
Т Е Р И Б Й Ы Н Б Е Д У С Е М О
И Д В О В Т С Р А Д У С О Г Я С
К Р Ь Л М И Е К Р И М Ю Х Н Д Т
А Л Ъ Ь Б Ц С Ф У Л И Я Ф П А Ь
```

ГРАЖДАНСТВО   ЗАКОН
КОНСТИТУЦИЯ   СВОБОДА
ДЕМОКРАТИЯ   ЛИДЕР
РЕЧЬ   ПАМЯТНИК
ОБСУЖДЕНИЕ   НАЦИОНАЛЬНЫЙ
РАЙОН   НАЦИЯ
ГОСУДАРСТВО   МИРНЫЙ
РАВЕНСТВО   ПОЛИТИКА
НЕЗАВИСИМОСТЬ   СИМВОЛ
СУДЕБНЫЙ

76 - Jardinagem

```
К С Ш В Ч М И М К Ъ О О Р Ц Ч Ж
Л Е Х Л В О Б Ъ К Ы О О О Н Т Ц
И З Т Ц А Д О В О Р Д Л С С Ь Х
М О Б В К Н Ц Ц М Е Й Ю Е Ь А Л
А Н О Е Л Т Г Б П Н И Ю М Б В Д
Т Н Т Т И П Ж Г О Й К Д Е Ь А И
Х Ы А Е С И Д Р С Е С Ъ Н У М В
Я Й Н Н Т С И В Т Т Е О А Ч О К
Ф Е И И В Ъ Г Й Ы Н Ч О Т Е В Ц
Н Ъ Ч Е А Е С Г Ю О И В Л А Г А
Ы А Е Л Ъ Д Е Ъ Р К Т С И Л П Ц
Ф И С У Т О М Ы Н Я О У Ь Н О К
Ж Н К Ж Х Б Г Ч У В З К Ф К Ч М
О Д И Ч Ц Н Ь Ю Ф Р К Ь Щ Х В Х
Н Ъ Й Щ Л Ы Р Б Я Я Э Ч О Ю А Ь
Б У К Е Т Й Я Я Ф Е О О П В У Р
```

ВОДА	ЛИСТ
БОТАНИЧЕСКИЙ	ЛИСТВА
БУКЕТ	ШЛАНГ
КЛИМАТ	САД
СЪЕДОБНЫЙ	КОНТЕЙНЕР
КОМПОСТ	СЕЗОННЫЙ
ВИД	СЕМЕНА
ЭКЗОТИЧЕСКИЙ	ПОЧВА
ЦВЕТЕНИЕ	ГРЯЗЬ
ЦВЕТОЧНЫЙ	ВЛАГА

77 - Profissões #2

```
Б  И  Б  Л  И  О  Т  Е  К  А  Р  Ь  Ч  Ш  Ы  Х
А  Ф  Ю  Р  О  Т  А  Р  Т  С  Ю  Л  Л  И  Г  У
Х  Х  Щ  Л  К  Д  У  У  С  В  Ъ  Е  О  Ц  Е  Д
Ц  Е  Г  Т  Г  В  Т  М  П  Л  М  Т  Ф  Ю  О  О
О  Б  С  А  Т  Г  В  А  И  Ц  Ъ  И  В  Т  А  Ж
Ю  Г  О  Л  О  Т  А  М  О  Т  С  Ч  А  Р  В  Н
Б  Б  П  Г  Р  Е  Н  Е  Ж  Н  И  У  У  Р  Б  И
И  С  С  Л  Е  Д  О  В  А  Т  Е  Л  Ь  С  В  К
Л  Ф  М  П  О  Т  Р  М  Х  Б  Ц  К  П  Х  А  Я
Ъ  О  Ь  Ч  Ж  Е  Т  Т  С  И  Л  А  Н  Р  У  Ж
Г  С  Ы  Д  Я  Ж  С  Д  Ъ  Ф  Р  У  У  Х  У  З
Ч  О  Я  П  Ы  Щ  А  Ъ  Л  Т  Е  У  У  Н  П  О
Я  Л  Л  С  А  Д  О  В  Н  И  К  Р  Р  Ю  П  О
П  И  Л  О  Т  С  И  В  Г  Н  И  Л  М  Г  К  Л
У  Ф  У  И  И  Р  Б  Н  Ы  Щ  Г  Е  С  Е  Ы  О
М  М  И  А  П  Б  Ф  О  Т  О  Г  Р  А  Ф  Р  Г
```

ФЕРМЕР
АСТРОНАВТ
БИБЛИОТЕКАРЬ
БИОЛОГ
ХИРУРГ
СТОМАТОЛОГ
ИНЖЕНЕР
ФИЛОСОФ
ФОТОГРАФ
ИЛЛЮСТРАТОР

ИССЛЕДОВАТЕЛЬ
САДОВНИК
ЖУРНАЛИСТ
ЛИНГВИСТ
ВРАЧ
ПИЛОТ
ХУДОЖНИК
УЧИТЕЛЬ
ЗООЛОГ

78 - Café

```
К  Г  У  Ы  С  Ъ  Ю  М  Ж  Р  Ъ  Б  Ч  А  Ъ  Ч
О  О  О  К  О  Л  О  М  А  Д  О  В  Е  С  Х  Ъ
Щ  П  Ф  Р  А  Х  А  С  Р  Ж  Л  Л  Р  М  Ю  Ц
К  Ъ  Я  Е  Ь  Ж  П  Т  Е  И  Щ  Х  Н  Ф  О  У
В  К  У  С  И  К  Н  Я  Н  М  Р  Ж  Ы  Т  Д  Е
Ж  Ц  Е  Н  А  Н  И  П  Ы  Ч  В  Х  Й  П  А  Ю
П  И  П  Ж  Ш  К  Ч  Й  Й  А  М  В  У  Б  Ю  О
У  Ы  Д  Р  Е  Р  Д  Я  И  Ш  Д  Е  Х  Ф  Е  С
М  Е  М  К  Ч  Е  Ь  В  Ь  К  М  О  Л  О  Т  Ь
Ш  С  Г  Ш  О  М  Е  Л  Я  А  Ф  И  Л  Ь  Т  Р
Щ  Ю  Е  Г  И  С  И  О  Е  Р  А  Ъ  М  Ц  А  М
П  И  Л  Ц  М  А  Т  К  Ж  Д  Х  Р  Ъ  У  М  Ц
И  Т  Ф  Д  Ф  Д  Г  Ь  Т  У  Ъ  С  П  Ы  О  Д
С  Р  Ч  Ч  Ж  Т  Ж  С  Ч  Т  К  Л  В  Б  Р  У
Л  Ч  С  Щ  Г  Ш  Б  П  Р  В  Щ  Р  Р  А  Ю
О  Н  А  П  И  Т  О  К  И  О  Ф  Л  У  Г  Д  С
```

САХАР	ФИЛЬТР
ГОРЬКИЙ	МОЛОКО
АРОМАТ	ЖИДКОСТЬ
ЖАРЕНЫЙ	УТРО
ВОДА	МОЛОТЬ
НАПИТОК	ЦЕНА
КОФЕИН	ЧЕРНЫЙ
ЧАШКА	ВКУС
КРЕМ	

79 - Negócios

```
Д Ь З М Э Т Ч В В Ч Х Ю У К В Ж
Г Л А А К В С А Ы С Н А Н И Ф К
П Е В Г О Р Ь Л Ы Б И Р П Ю О Г
В Т О А Н Ь П Ю Е Ф Г Ф Ф Я Ъ Ъ
Ы А Д З О Ю Я Т К С Ь Ж О Р И Ж
И Д О И М С Ш А Т К Н Ь Р А Ч К
С О Г Н И Е К Ш Е Г Е Ъ Я Б И С
Ц Т Ч Ч К Ф Ш И Ж Ж Д Ж Е О Н Ш
Щ О О У А У У У Д О Х О Д Т В Л
М Б А И Ю Ц Я В Ю К Ц Т Г Н Е Б
Р А Ш П М Ж М А Б Д А А Б И С А
И Р И Щ Ш О П Р О Д А Ж А К Т Ъ
Ы Ь Ъ П Г Ж С Л Ы К В Н Ц И И Ъ
Н А Л О Г И Ы Т Т О В А Р Д Ц Х
П Ь Ь Т И А Р Е Ь Р А К Н М И И
К О М П А Н И Я У Н Т О Ш Щ И Р
```

КАРЬЕРА	ФИНАНСЫ
СТОИМОСТЬ	НАЛОГИ
СКИДКА	ИНВЕСТИЦИИ
ДЕНЬГИ	МАГАЗИН
ЭКОНОМИКА	ПРИБЫЛЬ
РАБОТНИК	ТОВАР
РАБОТОДАТЕЛЬ	ВАЛЮТА
КОМПАНИЯ	БЮДЖЕТ
ОФИС	ДОХОД
ЗАВОД	ПРОДАЖА

80 - Fazenda #2

```
П К У К У Р У З А У О Г У Д Е С
У А Ц В О О У Щ К Л Р Е М Р Е Ф
Л П С П Ю Т К Щ Т Е О Б И Ж О Е
Л Я Ъ Т К К И Д У Й Ш Ц Н Ъ Ю У
А Е Ч Н И А Р Й Ы Л Е П С К П Ь
М Т Ы М В Р Г Л Ф Ъ Н Е Д Р Ф П
А Е В М Е Т К У Р Ф И Ы Ж Ю Я Ш
Ш Ж Ы Щ С Н Е К О Н Е Н Г Я Ш Е
И Ф К Ж Д Ч Ь Ю К Ч Я Т А Т Ж Н
Е У К Т Н Д К Щ О В О О Ч Ь Р И
Р Ы Т Ф Ъ Р У Ш Л У Г В И Ю Я Ц
Ч Н Б Ф Д Ъ Л Ы О Щ Ъ И Л Н Ъ А
Ф К М Д В М Щ Щ М Л А Ж Ю С Ш В
Ь Ю П Т А М Б А Р М Я Н У Л Р Ш
О Н Е Ь С С Н Р П М Т Ъ Б Л Е К
Г Щ Ю М С К Т К Х Н Ь Ф Ы Е Д О
```

ФЕРМЕР	СПЕЛЫЙ
ЖИВОТНЫЕ	КУКУРУЗА
АМБАР	ОВЦА
ЯЧМЕНЬ	ПАСТИ
УЛЕЙ	УТКА
ЯГНЕНОК	САД
ФРУКТ	ЛУГ
ОРОШЕНИЕ	ТРАКТОР
МОЛОКО	ПШЕНИЦА
ЛАМА	ОВОЩ

81 - Jardim

```
Л В Ж Р Х П Ц Б И П Щ Г О Ф Б Д
О В П Ц Ы Т Г Ю Ф Ц Л Д А Г Т Н
П П Д В Ь М Ж Щ Т Ы У А Ч М Р М
А С Т Е З А Б О Р Г Щ С Ф Д А Х
Т Д Н Т С У К Ж У Г Н К Р А К К
А С Ъ О В Е Р Е Д А Ь А И К Й У
Т В Я К В Ь Л Б У Р О М Л Е А Л
С О Р Н Я К И С Р А Ш Ь Б Ш Ж Д
С Ц Ж Ф Н Ф К Щ П Ж Д Я А Ц У М
Г Ь Ю П В А Ш Е Ж У Ж Ф Р Б Л Ь
Г Л Ш Т Щ Т У Т А Б К Ы Г Щ Ы У
А Ы Х Г Ш Б Р Я Л Ч М У Р С Ы Х
Х Р А Л Р Ъ К А С А Р Р Е Т Р Ю
Ь К Б Б П А У М В Б И Ы Х У П Ы
Н Х Я Ъ В Ч Г Т Я А В Ч О П Ч Ф
Щ К Г Ь Е Ъ О Н Ы Ы Ж Е Н Ц И А
```

ГРАБЛИ	САД
КУСТ	ПРУД
ДЕРЕВО	ГАМАК
СКАМЬЯ	ШЛАНГ
ЗАБОР	ЛОПАТА
СОРНЯКИ	ПОЧВА
ЦВЕТОК	ТЕРРАСА
ГАРАЖ	БАТУТ
ТРАВА	КРЫЛЬЦО
ЛУЖАЙКА	

82 - Política

```
Н Ъ Ч Ж Ы Н В М Н Е Н И Е Ц Г Н
Д А Д Е Б О П Ы Д Д Ц С Т Е О А
Н У Л А Ю К О Е Б Д Х О Л Е У Ц
П Д К О О Т Ш Ъ Я О Н В М А П И
Р Р Ш Ъ Г Ь С А Е Ь Р Е Ж К Н О
А Е А Я К И Т И Л О П Т О Т Б Н
В Р К В Я И Г Е Т А Р Т С И С А
Е Е И Щ И Э Т И К А Р В Е В В Л
Н Ъ Т Я Н Т В Ц Г Ц Т Х Ч И О Ь
С С И Ы А Д Е Ж Ч Ф Д Р Ш С Б Н
Т Д Л У П Ъ Ф Л Ъ Щ Ъ В У Т О Ы
В В О У М Е У Г Ь И Ь П С Е Д Й
О П П Ш А У П С С А Ы Е О А М
Ж А Р О К А Щ Я Т Т Т Ш Ц Ж Ж И
К А Н Д И Д А Т Е Ж Ц В Л Ц Б Г
К О М И Т Е Т Р Щ Т Д С О М В Р
```

АКТИВИСТ	РАВЕНСТВО
КАМПАНИЯ	НАЛОГИ
КАНДИДАТ	СВОБОДА
КОМИТЕТ	НАЦИОНАЛЬНЫЙ
СОВЕТ	МНЕНИЕ
ВЫБОР	ПОЛИТИКА
СТРАТЕГИЯ	ПОЛИТИК
ЭТИКА	ПОБЕДА
ПРАВИТЕЛЬСТВО	

83 - Oceano

```
Н Е Я О И Л С О Р О Д О В Х Ш А
Ь Ъ Х Б В Н Ы К О Ы Щ Ф Я Х Ю К
Ы У О Ж Ы И Ь Б Т Ц Б А Р К С У
Х Я Ч Б Р М А Ь Ы Б Н А У Р Д Л
А Ю Ь Ъ Ц Х Г Е Е Е П К Б П Ъ А
Н Г Ж Ы Я Я П Г Ф Ы К Б Ъ Х Ю И
Ч Е Р Е П А Х А Б Л О У М Ь Н К
В Н Ь Е М Я Н У Д Н Г Г О Ц Т Д
П Д Ц Л Т Ц В К Ф И Д Ж Ч Е И Ч
Ж Е Ь Ц Х Ю Ж Ц П Ф Е Ш К Н Т Ц
Ч А К Т Е В Е Р К Ь Л О С У Н Х
О С Ь М И Н О Г И Л О О К Ф Л Ш
Н Е Р В В К У П Ь Е Д О А И Е Ж
Ф Ь О И Е Х Н Т Ь Д К Ж Б Р Т А
И Ж Г У С Т Р И Ц А А З У Д Е М
К Р У К О Р А Л Л П Р И Л И В Ы
```

ВОДОРОСЛИ	ПРИЛИВЫ
ТУНЕЦ	МЕДУЗА
КИТ	УСТРИЦА
ЛОДКА	РЫБА
КРЕВЕТКА	ОСЬМИНОГ
КРАБ	РИФ
КОРАЛЛ	СОЛЬ
УГОРЬ	ЧЕРЕПАХА
ГУБКА	БУРЯ
ДЕЛЬФИН	АКУЛА

84 - Profissões #1

```
Н  Б  Ю  В  Е  Л  И  Р  Ы  Т  Ш  К  Х  В  В  Е
Ц  А  А  Р  Т  С  Е  С  Д  Е  М  Ц  Ы  О  Е  Щ
Н  Ч  Х  Н  Т  А  Н  Ц  О  Р  Ж  Х  М  Д  Т  В
Ф  Н  У  К  О  Х  О  Т  Н  И  К  Е  О  Е  Н
А  Х  П  П  К  И  Н  Ж  О  Д  У  Х  Ф  П  Р  Ш
Я  Ъ  С  И  У  М  Р  Ю  К  Т  Е  Ч  Т  Р  И  Щ
Ж  Е  Г  Ы  А  О  Я  И  В  А  Ф  М  Н  О  Н  Ш
Х  И  О  Ч  Ю  Н  Ы  Ш  Д  К  А  П  А  В  А  А
У  Ф  Л  Я  Г  О  И  Ф  М  О  Р  Я  К  О  Р  Д
Б  Ч  О  У  Х  Р  Г  С  Ы  В  Г  В  Ы  Д  Г  Ъ
И  У  Е  Ч  И  Т  Ч  Х  Т  Д  О  Б  З  Ч  Б  М
П  Ч  Г  Н  Х  С  Д  Ъ  Щ  А  Т  Ж  У  И  Г  С
С  М  И  А  Ы  А  Ъ  И  Т  Ж  Р  И  М  К  Ч  С
Щ  Е  Ш  Н  Х  Й  Д  Л  Д  Ь  А  П  О  С  О  Л
П  О  Ж  А  Р  Н  Ы  Й  Ф  Н  К  У  Ф  Г  Ш  Ы
П  С  И  Х  О  Л  О  Г  Р  Е  Д  А  К  Т  О  Р
```

АДВОКАТ	ПОСОЛ
ХУДОЖНИК	ВОДОПРОВОДЧИК
АСТРОНОМ	МЕДСЕСТРА
БАНКИР	ГЕОЛОГ
ПОЖАРНЫЙ	ЮВЕЛИР
ОХОТНИК	МОРЯК
КАРТОГРАФ	МУЗЫКАНТ
УЧЕНЫЙ	ПИАНИСТ
ТАНЦОР	ПСИХОЛОГ
РЕДАКТОР	ВЕТЕРИНАР

85 - Força e Gravidade

```
Т Д И Н А М И Ч Е С К И Й П Ш Р
В Р У П И П Л А Н Е Т Ы О У Л Ъ
Е К Е И Н Я О Т С С А Р Ф С Ь Ц
Л С К Н Ф Д Л И Е Р К Ф О Е Ь С
И Е И П И М Н Б В Е И Н Я И Л В
Ч И Ю Е В Е Ж Р Н Ц Н Ы Ш Ж М Б
И Н Н Ю П Т Ж О И П А С О И А Е
Н Е С К О Р О С Т Ь Х А Б Ю Г Ы
А Р Ю А В М И Т О К Е Д Н Ж Н Т
К И Р Б Ы Щ Ц А Т Н М Х О Л Е У
И Ш Б Ч А Л Л Щ К Ь И П У Н Т С
Я С Щ М П К Р Ч Р Ч Л С Ш Я И Ч
Д А В Л Е Н И Е Ы В Р Е М Я З Б
В Р Ц Е Н Т Р З Т А Г Ъ И Л М К
С В О Й С Т В А И У Х Н У Р Щ Ь
Я Е П Ш Ц С К Р Е Ф Ъ Н Т Ш Ч П
```

ТРЕНИЕ	ВЕЛИЧИНА
ЦЕНТР	МЕХАНИКА
ОТКРЫТИЕ	ОРБИТА
ДИНАМИЧЕСКИЙ	ВЕС
РАССТОЯНИЕ	ПЛАНЕТЫ
ОСЬ	ДАВЛЕНИЕ
РАСШИРЕНИЕ	СВОЙСТВА
ФИЗИКА	СКОРОСТЬ
ВЛИЯНИЕ	ВРЕМЯ
МАГНЕТИЗМ	

86 - Abelhas

```
Б К В Ь Г У Ф Е Я С Ч Х Т Э Ж П
У В Л Ш Ъ Х Р А П И А Р Ц К Л Ы
У Б О Ч Ъ Т У Е С Н Н С Й О Р Л
Л Ь Ц Е Ж Ш К С О В Б Е Ы С Н Ь
Е О К Ж Ь Е Т П О Ф А М Т И Е Ц
Й Р А З Н О О Б Р А З И Е С А А
Ы Б О Щ Ъ М С О Л Н Ц Е В Т А Я
Н Х А Ц Н О К Ф Я Л Ф А Ц Е В Р
Д Ч Р Р Т К Т Р Ч С Т О Е М Е Л
О Ь Ш М Х Е М П Ы П Ы Я И А Л Ц
Г Б Ъ К Н С Г О К Л Т И Н М О Л
Ы Д Ы М Ь А Ъ Ш А Ш Ь М Е Д Р К
В П Н Л Н Н Р Ъ Х Ж П Я Т А О П
Ш Ь Ж Г Г Е С Ф Ю Ь К В Е С К Ф
Р Л В Ч Ъ Ъ У В С В Я Ъ В П Щ К
Т Ъ Р П Е Ч Б Щ Б Ю Ш Т Ц Ш Ф Ы
```

КРЫЛЬЯ	ФРУКТ
ВЫГОДНЫЙ	ДЫМ
ВОСК	НАСЕКОМОЕ
УЛЕЙ	САД
РАЗНООБРАЗИЕ	МЕД
ЭКОСИСТЕМА	РАСТЕНИЯ
РОЙ	ПЫЛЬЦА
ЦВЕТЕНИЕ	КОРОЛЕВА
ЦВЕТЫ	СОЛНЦЕ

87 - Ciência

```
М Ж Т К Н Г И П О Т Е З А Ц Э Я
И Ч М Ц Л А К И З И Ф Ц Л М В В
Н Ъ Е А Ю И Б Р П Ю Ш Г В О О Ц
Е Д Т К А Ф М Л Р Е Щ М М Л Л Л
Р В О И Щ Л Ш А Ю И С Д В Е Ю П
А У Д Г Ч В Р К Т Д Б Е У К Ц Р
Л Р Я Я Я Ы И О Ю И Е Н Г У И И
Ы Ъ Х Л Н Ц У Ш Ю Т Н Н А Л Я Р
О Р Г А Н И З М С Я Б Р И Ы Д О
А Я И Ц А Т И В А Р Г А У Е А Д
Л О Ц Д Д С В Ч Д Н Ж С О Я Н А
Ц Е О М Е А П О К С И Т Д Ш Н О
О Ь Ж Е Ч Ч Ы Н Л Щ Б Е А Н Ы И
Л А Б О Р А Т О Р И Я Н Р Т Е Г
Х И М И Ч Е С К И Е Г И И Ц О М
О Д М П Ь У Ч Е Н Ы Й Я Х Я Х М
```

АТОМ
УЧЕНЫЙ
КЛИМАТ
ДАННЫЕ
ЭВОЛЮЦИЯ
ФАКТ
ФИЗИКА
ИСКОПАЕМОЕ
ГРАВИТАЦИЯ
ГИПОТЕЗА

ЛАБОРАТОРИЯ
МЕТОД
МИНЕРАЛЫ
МОЛЕКУЛЫ
ПРИРОДА
НАБЛЮДЕНИЕ
ОРГАНИЗМ
ЧАСТИЦЫ
РАСТЕНИЯ
ХИМИЧЕСКИЕ

88 - Comida #1

```
М Х Ф Х Щ Ь Т Р О Т Р Р А М Я Б
О Ъ Л Ц Ч О У У Д А М Я Ф С Х У
Л Т Х А К И Н Б У Л К Ч Щ О Ъ М
О Р М П У С Е Ж Е А О М Ю Л Л Ж
К Ж И Е Л Ц Ц Л Ы С С Е А Ь Т Ъ
О Ъ И Р Ш П И Н А Т Щ Н О М И Л
Ъ Ж Ф Щ А Г Я Б А П Щ Ь Щ Е Ш Д
Ъ Ь Ь Ъ Т Х Р Е Р Ш Ж К Х Г Ш Ы
К О Р И Ц А А И А Ф М Ш Ж У В Ж
И Ъ Ь А Ц Ю У С Х П О А Н Ч У Ш
Л Ц Л П К Т Ф О И И Р П Н Л Г Я
И А У А Н Ц Н К С Л К С Е Ь Д Д
З Ш И Ь Ж В Ь И Ы Г О Д Х Т Г Д
А Ч Е С Н О К Р А Ы В Щ К О Ы Ж
Б Ш П Я Л Н Л Б Щ Д Ь У Г В М Т
М Б Ш Б Ы У Д А Ц Ъ Е У Ы Д Ь Е
```

САХАР	ШПИНАТ
ЧЕСНОК	МОЛОКО
АРАХИС	ЛИМОН
ТУНЕЦ	БАЗИЛИК
ТОРТ	КЛУБНИКА
КОРИЦА	РЕПА
ЛУК	СОЛЬ
МОРКОВЬ	САЛАТ
ЯЧМЕНЬ	СУП
АБРИКОС	СОК

89 - Geometria

```
Я И О Ш М У Т Г Н П С И Ь И Ю И
О Ц Т Ж Р С Щ Ц А Н А И Д Е М
К И Н Ь Л О Г У Е Р Т В Ъ Х И П
О У У Ч Е Д Р М Т А Л О В Ч Н У
М А С С А И А Г Б Л А С С Л Е С
Я С П Ы С А С Щ Н Л Ъ У Б Ы Н Е
К И О Ы А М Ч Х А Е Ш Е Е П В Г
Щ М В У Н Е Е Г О Л С И Ч Р А М
И М Е Л Р Т Т Е Ь Ж Н О Ц Р Е
З Е Р Ш О Р П В Ь Д Д Е Х А У Н
Г Т Х Е Ш Г П Р О П О Р Ц И Я Т
И Р Н Ф Ь Я И Р О Е Т Е О Д Т Р
Б И О Г Ч К В К Ъ Ж К М У Г О Л
А Я С Ю О Ф Б Р А Г Н З Т У Щ П
Д Н Т В Й Ы Н Ь Л А К И Т Р Е В
П Г Ь Х Ш Н Ъ Ш Т Р Щ И П К Ъ Б
```

ВЫСОТА	МЕДИАНА
УГОЛ	ЧИСЛО
РАСЧЕТ	ПАРАЛЛЕЛЬ
КРУГ	ПРОПОРЦИЯ
ИЗГИБ	СЕГМЕНТ
ДИАМЕТР	СИММЕТРИЯ
ИЗМЕРЕНИЕ	ПОВЕРХНОСТЬ
УРАВНЕНИЕ	ТЕОРИЯ
ЛОГИКА	ТРЕУГОЛЬНИК
МАССА	ВЕРТИКАЛЬНЫЙ

90 - Pássaros

```
У Х Ж Д П Ш П П Г Ь К У Я Ц Г В
П А В Л И Н А Ч Е О И Т К А У О
П К Г Х Я А Т Ы Ъ Л Л Г Т П С Р
Ч Т Ъ О Р И У Ш Д Д И У И Л Ь О
Ъ У Б Ж М Н В Д Ц У Н К Б Я Х Н
Ж Р П О Ц К О С Л С Ы Ы А Ь Л А
Ф Ф С Р С У Р Ф И Ю Х С К Н К Т
Х Л У Л Е Р О Ч И В М У Й Б П У
Ф Г А Р Ч И Б У В К М Ц А Д Ъ К
Л Ы Р М П Ц Е П П О Л Я Ч Р Р А
Ж Я Т Ж И А Й А Г У П О П И Ч Н
Ъ Ю С Я У Н И В Г Н И П А И С Т
Ч Ж Б У Г Т Г Я С Я Л Е Б Е Д Ь
К У К У Ш К А О Ч Щ Г Ф Я Й Ц О
Ч Ж Л У М Г Д П Ь Б Т Ч Е П У И
Ч В П О Ф Т Ь А Ф Щ С К Щ Я Н Ц
```

СТРАУС	ЦАПЛЯ
ОРЕЛ	ЯЙЦО
АИСТ	ПОПУГАЙ
ЛЕБЕДЬ	ВОРОБЕЙ
ВОРОНА	УТКА
КУКУШКА	ПАВЛИН
ФЛАМИНГО	ПЕЛИКАН
КУРИЦА	ПИНГВИН
ЧАЙКА	ГОЛУБЬ
ГУСЬ	ТУКАН

91 - Literatura

```
С Т И Л Ь Г Л Ъ Х У К О З С Е У
О Ч Ж Ш К И Ч З А К С С А Р Д Г
Ы Р У Ц Т Т А Х Х Ь У А К А И Щ
Н О С Т И Х Т Б К Ъ Ю В Л В А К
Т М Т И Р Ч Ф Щ Ъ Е С Т Ю Н Л Д
С А Б И О Г Р А Ф И Я О Ч Е О Ю
К Н К М Т Б Ж М У Н И Р Е Н Г Ц
Ь О Щ И Н Ы Ц Е А А Г М Н И Д Ш
З Щ Н Ж Т Е А Т Я С О Н И Е Б У
И У К Ц Ш Э Н Ф И И Л Ы Е В Х С
Л Р И Ф М А О И Д П А Т Ф Ц Г Б
А Н Е К Д О Т П Е О Н Ц Щ Н Б Ю
Н П М М К Ж У Ф Г Л А Ъ У Г А Я
А Р О Ф А Т Е М А С Ц М С О Д У
Ц Ц Ь К Г Б Х Ц Р Е П О Ы Ч С Н
П М Д У Щ Ъ Г Ш Т Д Ф Ы Х О Ю С
```

АНАЛОГИЯ	МЕТАФОРА
АНАЛИЗ	РАССКАЗЧИК
АНЕКДОТ	МНЕНИЕ
АВТОР	СТИХ
БИОГРАФИЯ	ПОЭТИКА
СРАВНЕНИЕ	РИФМА
ЗАКЛЮЧЕНИЕ	РИТМ
ОПИСАНИЕ	РОМАН
ДИАЛОГ	ТЕМА
СТИЛЬ	ТРАГЕДИЯ

92 - Química

```
М К И С Л О Т А Ь В В Ц Ц Ю У Ж
Й О Н Ч О Л Е Щ Х Х О К Ш Я Ф Ж
Ы А Л Б Х И Е Х Л С Д Г Ш Д Б Б
Я Т Н Е М Р Е Ф О Й О Ж Ь М Р Ь
Ю Г Ю Щ К Ы Ъ К Р И Р Н Б Ь Н Ш
Э М К Т Ф У В Л О К О Ц У У Ц Ш
Щ Л С Ц Ю О Л В Д С Д Я Ц Г А З
Ъ Ь Е Ю Ю К Ш А Ц Е Е Д К Ж У Т
Ж Т В К Ы Т Н Д В Ч К Е И Р Г О
Т Е Т Ь Т С О К Д И Ж Р С Ъ Л И
С О Л Ь Н Р Ь Ю Н Н Ъ Н Л Д Е Е
Е Ц Ы Ы Е О О Р И А П Ы О Х Р Л
Т Т Ж Г М И Ю Н Ы Г Г Й Р И О Г
Щ Ю А Ц Е У И Ч А Р Ч Ь О А Д У
И Г Р Ц Л Е У Е О О Р А Д Ъ Г О
Ю У А Я Э К А Т А Л И З А Т О Р
```

ЩЕЛОЧНОЙ	ВОДОРОД
КИСЛОТА	ИОН
ЖАРА	ЖИДКОСТЬ
УГЛЕРОД	МОЛЕКУЛА
КАТАЛИЗАТОР	ЯДЕРНЫЙ
ХЛОР	ОРГАНИЧЕСКИЙ
ЭЛЕМЕНТЫ	КИСЛОРОД
ЭЛЕКТРОН	ВЕС
ФЕРМЕНТ	СОЛЬ
ГАЗ	

93 - Clima

```
М О Р Г Ф З Г К Ь Д Ш Т Ж П У Ю
Й О Х У С И Н Ж К И П Е Ш Щ Х Ы
Т Ч Л Т О Р Н А Д О Ж М Ы К Н Ж
Ч Р В Н Л Б У Р Я Ъ Ц П О Л И И
Р З О Ф И Р Ш В Ф Т Й Е Щ Р С Ъ
А А А П Я М Х Н П Ы Р Ж К Н Г
Д С В Т И Т У М А Н Н А Г А Р У
У У Е Г М Ч Р Н Л Л Р Т Я П Л Д
Г Х Т Б И О Е Ь Е Б Я У Я К П Н
А А Е Ю Ы К С С Д Ф Л Р Ъ Л С Е
Ю А Р Ю С А С Ф К М О А М И Ж Б
Г Т Г Х Л Л Н Д Е И П В У М Ъ О
Ю Б М Б О Б Ш Я К Р Й Я С А Т К
К Щ Ф Б Р О Ж Е С Ъ А Р С Т Н Ю
Ж С Щ Д Ц Ч О Щ Ы И И Д О Ъ А М
Д Ь П Ы Ь Л Д А А О Ж Н Н К Л У
```

РАДУГА	ПОЛЯРНЫЙ
АТМОСФЕРА	МОЛНИЯ
БРИЗ	ЗАСУХА
НЕБО	СУХОЙ
КЛИМАТ	ТЕМПЕРАТУРА
УРАГАН	БУРЯ
ЛЕД	ТОРНАДО
МУССОН	ТРОПИЧЕСКИЙ
ТУМАН	ГРОМ
ОБЛАКО	ВЕТЕР

94 - Diplomacia

```
Р Е Ш Е Н И Е П О С О Л Ц Б П П
Ъ Ш Р М Т Ь П Ш В Г Б Р Е Е Р О
Я Т К Д Ж И Д У Т Г Ю Е Л З А Л
Х Е И Н Е Д Ж У С Б О З О О В И
К О Н Ф Л И К Т Ь М Я О С П И Т
Г Ф Т И О К Ж Ф Л С З Л Т А Т И
Р С Е И Н Р И Ц О Л Ы Ю Н С Е К
А М В Н П О Ц Ш С А К Ц О Н Л А
Ж Н О А У В С Ы О Э И И С О Ь Г
Д Т С П Ю О Ц Т П У Т Я Т С С Р
А Я Х М Н Г У С Р Ч Ф И Ь Т Т А
Н Н Ф А Б О Ш И Л А Г Ь К Ь В Ж
С Р С К Ю Д Я С Ч А Н У Ш А О Д
К С О О Б Щ Е С Т В О Н И Я Ю А
И Ж Д Ф Ж Ч Ж Я Л Ц Ы Я Ы Ъ И Н
Й Ы Н Р А Т И Н А М У Г Ц Й К Е
```

КАМПАНИИ	ЭТИКА
ГРАЖДАНЕ	ПРАВИТЕЛЬСТВО
ГРАЖДАНСКИЙ	ГУМАНИТАРНЫЙ
СООБЩЕСТВО	ЦЕЛОСТНОСТЬ
КОНФЛИКТ	ЯЗЫКИ
СОВЕТНИК	ПОЛИТИКА
ОБСУЖДЕНИЕ	РЕЗОЛЮЦИЯ
ПОСОЛЬСТВО	БЕЗОПАСНОСТЬ
ПОСОЛ	РЕШЕНИЕ
ИНОСТРАННЫЙ	ДОГОВОР

95 - Comida # 2

```
А И Д Я Р А К Я Б Л О К О Г Р Ц
М Р Ж О Б Щ Б И Л О К К О Р Б Д
Т Ы Т Р У Г О Й В Ч Л П Ш Ц Р С
О С Ъ И С Е Г Ю Т И Л О О Я Й Ц
Ж С Ж Ш Ш Х Л Б Я Т Е М К Г Х Я
Л Д А Р Г О Н И В Ъ Н И О О Ж А
Ф У И Щ Е К К Г И Г У Д Л Е Е Ц
Б М М Г Ж Ъ Щ П Ш Ж Н О А Ф Ф Г
А К У Р И Ц А Ш Н Х Р Р Д Е Г Ф
К А Ж К Ж Н Т Е Я Ы Ы К К Т Ф Г
Л Н А О К И Ц Н Е Р Б Р И С Ш Р
А Я С М Ъ С Г И Ь Л А Д Н И М И
Ж Ц В Д С Б Ю Ц Ы А Щ В А И О Б
А Ф И У Е Т В А Л Ш С Ъ Н А И Ю
Н У А У У Ь И К А Х Р Ю А К Е Г
В Е Т Ч И Н А Ю Б Д С В Б Ъ К Ь
```

АРТИШОК	ЙОГУРТ
МИНДАЛЬ	КИВИ
РИС	ЯБЛОКО
БАНАН	ЯЙЦО
БАКЛАЖАН	РЫБА
БРОККОЛИ	ВЕТЧИНА
ВИШНЯ	СЫР
ШОКОЛАД	ПОМИДОР
ГРИБ	ПШЕНИЦА
КУРИЦА	ВИНОГРАД

96 - Universo

```
С О Л Н Ц Е С Т О Я Н И Е Г Д Ш
Э К В А Т О Р Л Я О Р Б И Т А И
Ы Щ П О Д Ф Ы П У О И О Б Щ Т Р
Ш А И Л Е П Ш Я Я Н Л У Ш У Т О
С О Л Н Е Ч Н Ы Й О А С Е Г А Т
П О Л У С Ф Е Р А Б О Ы Т А К А
О Л И Н Ч Х А С Т Р О Н О М И Я
К С И А Е Н Л С О У Ы А Г О Т Н
С М Ч Д Й Б П Б Г М А Т О Н К Е
Е Ф О А Ы С О Т Л Г Л М Р О А Б
Л Ъ П Х М Д В А О Ы Ъ О И Р Л Е
Е О К А И Д О З Д У Л С З Т А С
Т Ы П В Д Ц Ю Ы П Ъ Р Ф О С Г Н
К О С М И Ч Е С К И Й Е Н А Ч Ы
П Д Я Д В Ч Т С О В Т Р Т Х С Й
Л И Т А С Т Е Р О И Д А Г Л Ы О
```

АСТЕРОИД	ГОРИЗОНТ
АСТРОНОМИЯ	ШИРОТА
АСТРОНОМ	ДОЛГОТА
АТМОСФЕРА	ЛУНА
НЕБЕСНЫЙ	ОРБИТА
НЕБО	СОЛНЕЧНЫЙ
КОСМИЧЕСКИЙ	СОЛНЦЕСТОЯНИЕ
ЭКВАТОР	ТЕЛЕСКОП
ГАЛАКТИКА	ВИДИМЫЙ
ПОЛУСФЕРА	ЗОДИАК

97 - Jazz

```
Д  Я  Ъ  О  Т  Е  А  Х  О  Г  Г  Е  Ю  Е  Я  П
Т  М  Ъ  М  Ч  К  Ф  У  Б  Я  Л  Ш  Г  М  У  Е
Т  А  Л  А  Н  Т  Р  Д  Ц  С  О  С  Т  А  В  С
Р  К  К  Е  Л  Ю  Е  О  Н  Н  А  Р  Б  З  И  Н
Е  И  О  Ы  У  Ы  К  Ж  К  А  Ш  О  Н  И  Ъ  Я
Ц  Н  Р  Н  З  Х  М  Н  В  Л  Н  Т  Д  А  Б  И
Н  Х  К  А  Ш  У  Ц  И  Ф  Ь  Д  И  Х  И  Ж  Ц
О  Е  Е  Б  Л  Б  М  К  Х  Б  П  З  Ъ  Ф  Р  А
К  Т  С  А  В  Ш  У  Т  Ш  О  Ю  О  П  Ч  Д  З
К  Н  Т  Р  Г  Х  Е  О  И  М  Щ  П  Ч  Р  Г  И
Щ  Е  Р  А  С  Т  И  Л  Ь  Р  Ч  М  Л  Я  У  В
Ж  Ц  Ч  Б  А  Ж  Ы  Д  С  Щ  Н  О  М  А  Л  О
Х  К  И  З  В  Е  С  Т  Н  Ы  Й  К  С  Д  Б  Р
Х  А  Ж  Т  Ы  М  Я  Е  Ъ  А  А  О  Я  С  Г  П
Т  В  И  Ю  Ч  Ч  Ь  Я  Ж  Ч  У  П  О  И  Ц  М
Я  Л  Ы  А  Ф  Н  О  В  Ы  Й  Ы  Р  А  Т  С  И
```

ХУДОЖНИК	ИЗБРАННОЕ
АЛЬБОМ	ЖАНР
БАРАБАНЫ	ИМПРОВИЗАЦИЯ
ПЕСНЯ	МУЗЫКА
СОСТАВ	НОВЫЙ
КОМПОЗИТОР	ОРКЕСТР
КОНЦЕРТ	РИТМ
СТИЛЬ	ТАЛАНТ
АКЦЕНТ	ТЕХНИКА
ИЗВЕСТНЫЙ	СТАРЫЙ

98 - Barcos

```
Ж В А Д Г Ц Ь М П О Т Х Е Р О М
Д О К В Ъ М Ш О О О Ь Ф С Е Р Ж
Р У В И Ы В И Л И Р П Т Е К Е И
И Ь Е Г Г У С П Ю Н С Ъ Л А З Ч
С Г Р А Т Х Я А Ш Щ А К И Ъ О Ж
Г О Е Т Х Б Ь Р О К Я К О О П Т
Ф Я В Е В Щ Б О Е Ш Б А Е Й Т Ъ
Ю А Ж Л Ф Х П М Р М Щ Я Ш Т К К
Я У Х Ь Э К И П А Ж Б К Х В Х О
Щ Я Ы Г Ж Ц Е А Ф Ы Ж В Ж А А К
Г Ъ Ы А М А Ч Т А П Я Ч И П Ш Е
Х М Ф Ю О Ы Б Е Ф М М М Е Ф Ю А
М Д Н К П Н Д У Р М О Ю Г Р Ж Н
Ы С Ж Д С Л О В Й Е Р Б Ь У Е Ь
Н Ы Ц Р Ъ О О С Г Г Я Б Ц Б Ы С
К А Н О Э В Е Т Е М К Е А Н Н Р
```

ЯКОРЬ	МОРЕ
ПАРОМ	ПРИЛИВ
БУЙ	МОРЯК
КАЯК	МАЧТА
КАНОЭ	ДВИГАТЕЛЬ
ВЕРЕВКА	МОРСКОЙ
ДОК	ОКЕАН
ЯХТА	ВОЛНЫ
ПЛОТ	РЕКА
ОЗЕРО	ЭКИПАЖ

99 - Mamíferos

```
О  Б  Е  З  Ь  Я  Н  А  Ь  Д  А  Ш  О  Л  Е  Ъ
М  М  Ч  П  Л  Л  О  К  Л  Ю  О  Л  К  Л  Я  В
Н  Ъ  Н  Ш  И  И  Л  Ш  К  Л  О  В  Е  Л  Д  К
Ъ  Б  М  Ж  С  С  О  Ъ  Б  И  Ъ  Ц  Л  К  Б
К  О  Й  О  Т  А  И  К  М  Р  Х  Р  Ф  А  Е  О
Я  Ъ  Ы  К  Я  П  К  Ч  А  Е  Ц  Ш  О  В  Н  Б
С  О  Б  А  К  А  Х  И  Ш  В  Ж  Р  У  Г  Г  Р
Ж  Е  С  Р  И  Т  М  Ы  Ш  Л  Е  П  Ч  Н  У  Ш
Х  Р  С  Б  Л  Ж  Ъ  Ш  Ы  В  Т  Д  К  Т  Р  Л
Ж  П  Ю  Е  О  Ш  И  Е  Ф  К  О  Е  Ь  Б  У  Ш
Ц  У  Р  З  Р  Ъ  Ы  Р  Ъ  И  Б  Л  Щ  К  Ю  Ъ
С  Ф  Щ  Т  К  Г  И  Д  А  Т  Ь  Ь  Ф  Б  Г  Щ
Л  С  Щ  В  Ъ  Т  Ь  Л  Ш  Ф  Ы  Ф  Д  Н  Х  У
Д  Я  Б  Е  Ь  Ъ  Ь  Л  Р  Р  Ъ  И  Ц  Ц  И  О
Ъ  Х  Я  Я  Ж  П  В  Б  К  Б  Ж  Н  Б  Ы  К  Т
Х  О  В  Ж  Ш  К  Ш  И  Ю  Ц  Ж  И  А  У  Д  У
```

КИТ	ЖИРАФ
ВЕРБЛЮД	ДЕЛЬФИН
КЕНГУРУ	ГОРИЛЛА
БОБР	ЛЕВ
ЛОШАДЬ	ВОЛК
СОБАКА	ОБЕЗЬЯНА
КРОЛИК	ОВЦА
КОЙОТ	ЛИСА
СЛОН	БЫК
КОШКА	ЗЕБРА

100 - Atividades e Lazer

```
С  О  Р  Ь  Ф  Ц  Л  О  Б  Й  Е  Л  О  В  М  П
Г  О  Л  Ь  Ф  Ц  П  О  А  Т  Й  Щ  И  Ы  З  А
Н  Н  Х  В  Щ  Ж  В  Б  С  Н  Ы  Р  Я  Н  И  Е
И  Х  И  О  И  Б  М  Ц  К  В  Н  Р  Л  Р  Р  П
Ф  Ъ  Б  П  Б  Г  О  А  Е  Ж  Ч  Ю  В  А  У  Л
Р  С  Ы  Ш  М  Б  Ц  Д  Т  Ч  О  У  О  С  Т  А
Е  Е  С  Г  С  Е  И  К  Б  К  Н  С  Л  С  Й  В
С  И  Н  Н  Е  Т  К  О  О  В  О  Ф  Я  Л  И  А
Н  Щ  Х  В  О  Ы  Ф  В  Л  Ы  Г  У  А  А  Ш  Н
Ь  Ы  Ь  Л  Е  И  Щ  Т  Ю  Ъ  Ы  Т  Н  Б  Е  И
С  А  Д  О  В  О  Д  С  Т  В  О  Б  Б  Л  П  Е
Т  Р  К  Б  Ю  Щ  П  С  Х  Х  Ю  О  Ы  Я  У  Т
Б  О  К  С  Ь  Е  О  У  М  Н  К  Л  Р  Ю  И  Р
Г  Ж  Ц  Й  К  И  Ъ  К  Р  Щ  Ф  Ф  К  Щ  Т  П
Г  В  Н  Е  Х  Щ  Х  С  О  Ц  Ъ  Ч  М  И  Ф  Ш
И  Т  К  Б  Ф  Ж  Я  И  А  П  Р  Ж  Р  Й  Н  Ю
```

КЕМПИНГ	ХОББИ
ИСКУССТВО	САДОВОДСТВО
БАСКЕТБОЛ	НЫРЯНИЕ
БЕЙСБОЛ	ПЛАВАНИЕ
БОКС	РЫБНАЯ ЛОВЛЯ
ПЕШИЙ ТУРИЗМ	РАССЛАБЛЯЮЩИЙ
ГОНОЧНЫЙ	СЕРФИНГ
ФУТБОЛ	ТЕННИС
ГОЛЬФ	ВОЛЕЙБОЛ

1 - Dirigindo

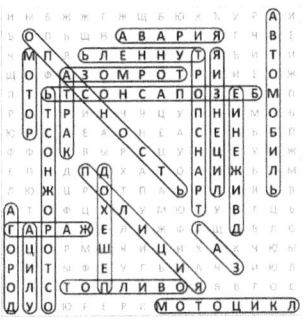

2 - Antiguidades

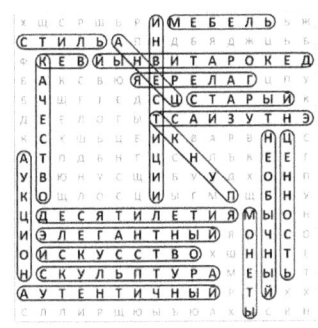

3 - Churrascos

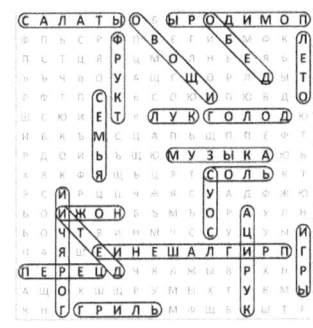

4 - Pesca

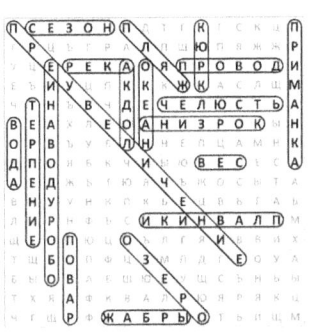

5 - Geologia

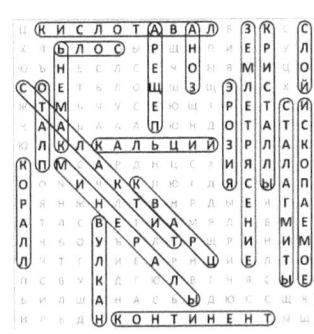

6 - Tempo

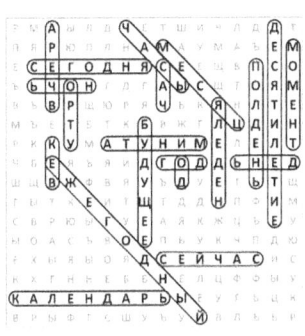

7 - Astronomia

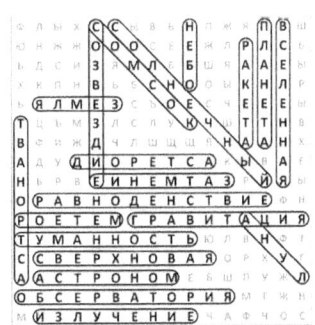

8 - Acampamento

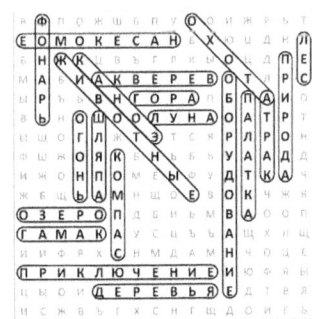

9 - Emoções

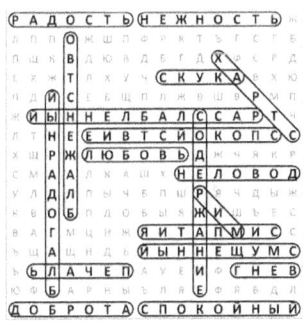

10 - Ficção Científica

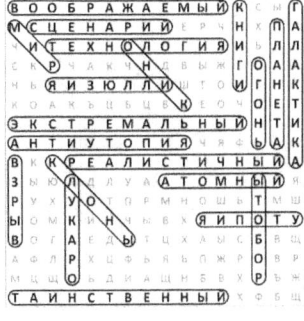

11 - Mitologia

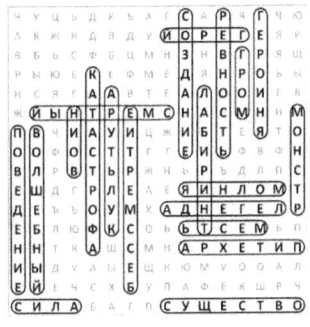

12 - Medições

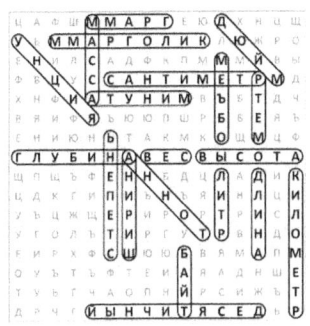

13 - Álgebra

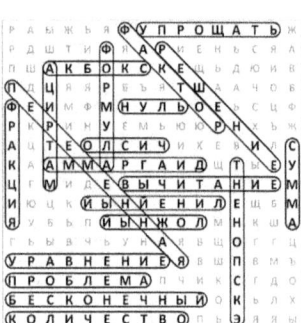

14 - Plantas

15 - Veículos

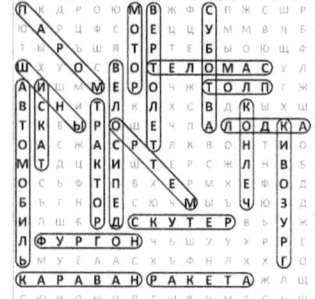

16 - Engenharia

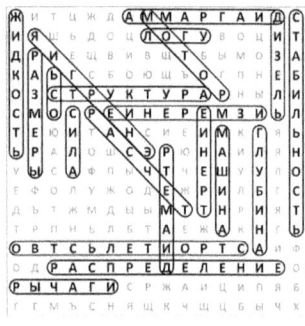

17 - Restaurante # 2

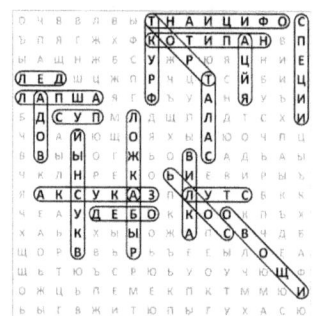

18 - Países #2

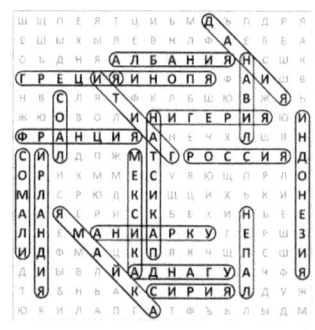

19 - Cozinha

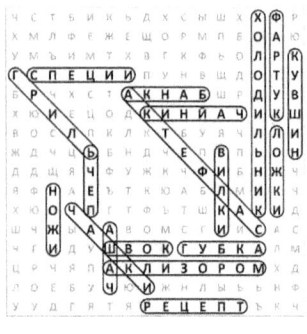

20 - Material de Arte

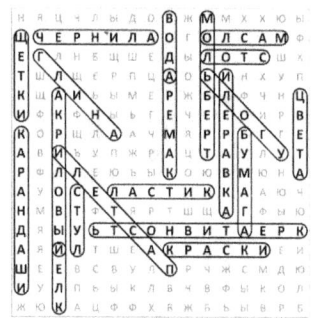

21 - Números

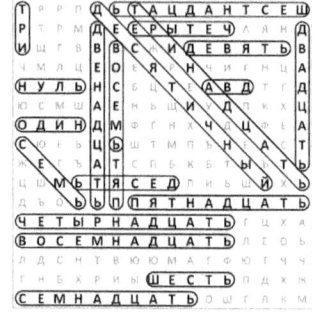

22 - Física

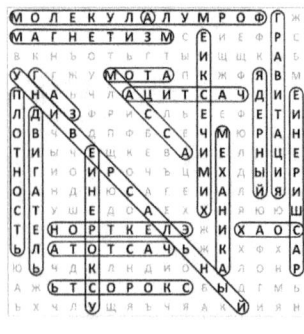

23 - Especiarias

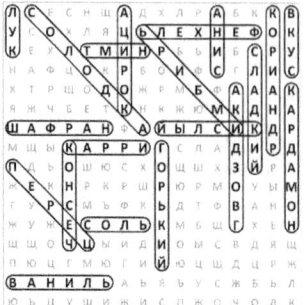

24 - Países #1

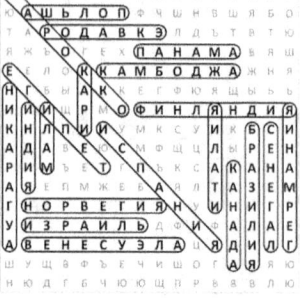

25 - Casa

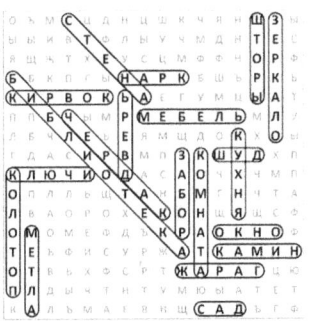

26 - Vegetais

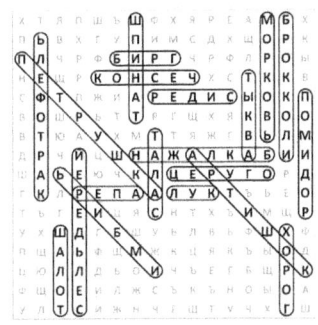

27 - Balé

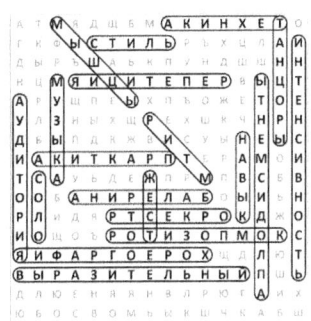

28 - Adjetivos #1

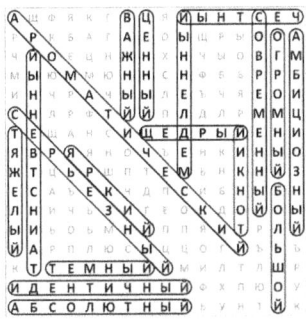

29 - Psicologia

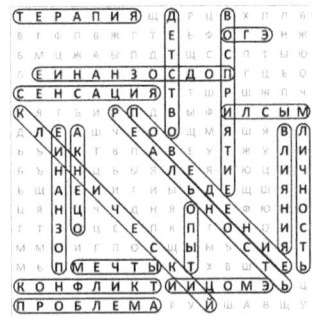

30 - Paisagens

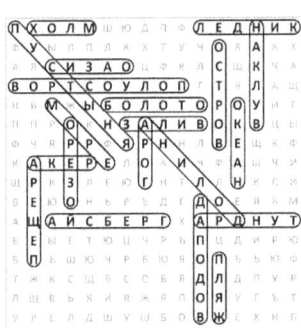

31 - Dança

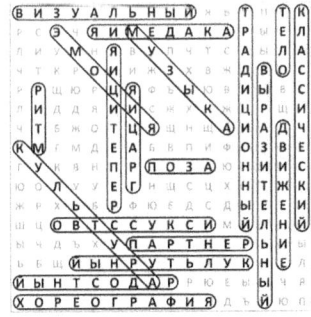

32 - Nutrição

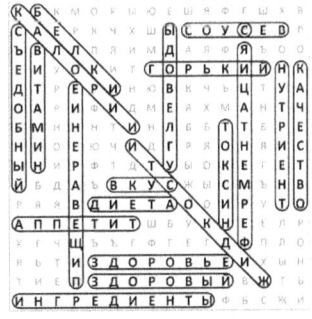

33 - Energia

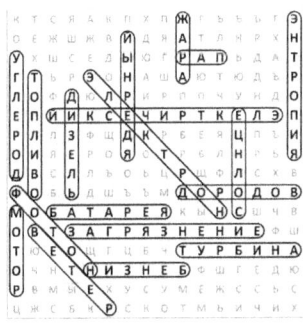

34 - Disciplinas Científicas

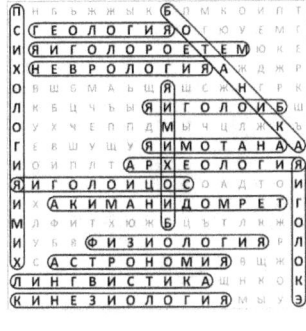

35 - Meditação

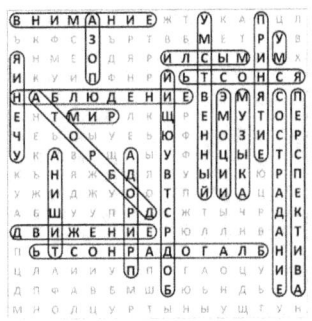

36 - Artes Visuais

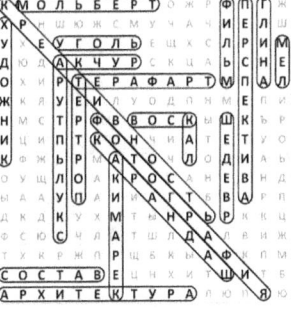

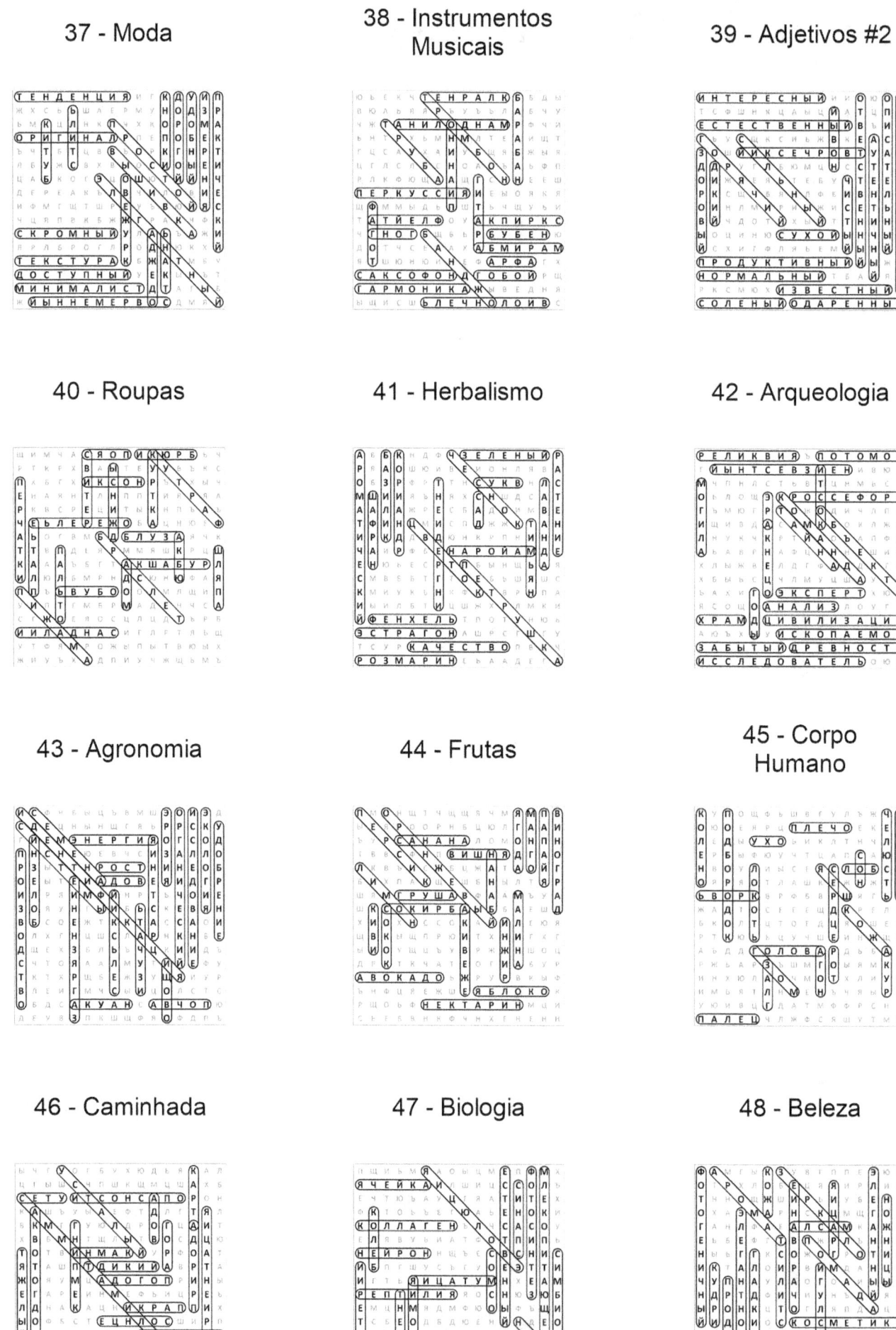

37 - Moda

38 - Instrumentos Musicais

39 - Adjetivos #2

40 - Roupas

41 - Herbalismo

42 - Arqueologia

43 - Agronomia

44 - Frutas

45 - Corpo Humano

46 - Caminhada

47 - Biologia

48 - Beleza

49 - Água

50 - Filantropia

51 - Família

52 - Férias #2

53 - Edifícios

54 - Xadrez

55 - Aventura

56 - Cidade

57 - Música

58 - Matemática

59 - Saúde e Bem Estar #1

60 - Imigração

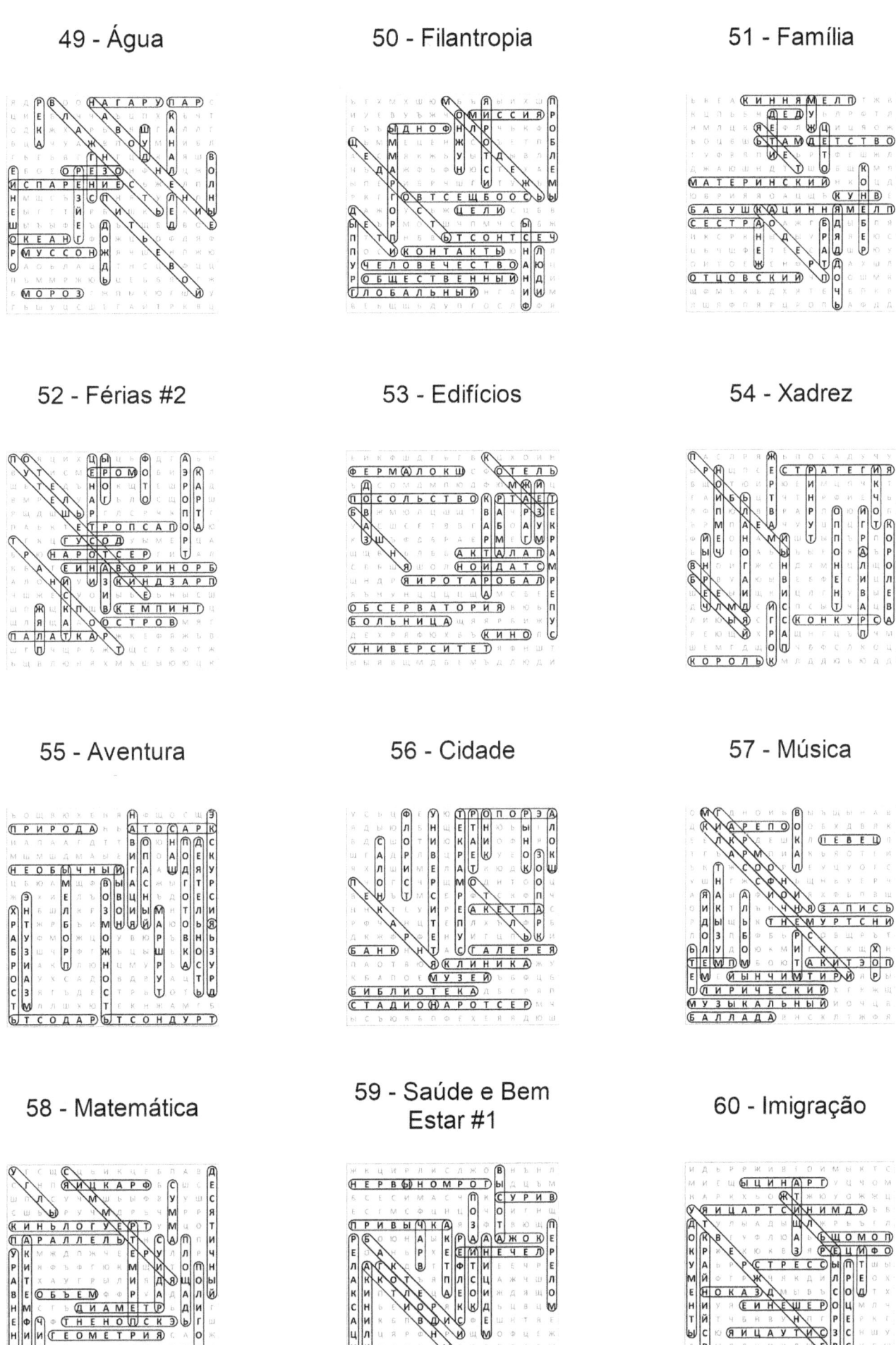

61 - Natureza

62 - Doença

63 - Aquecimento Global

64 - Aviões

65 - Tipos de Cabelo

66 - Formas

67 - Dias e Meses

68 - Saúde e Bem Estar #2

69 - Geografia

70 - Antártica

71 - Flores

72 - Fazenda #1

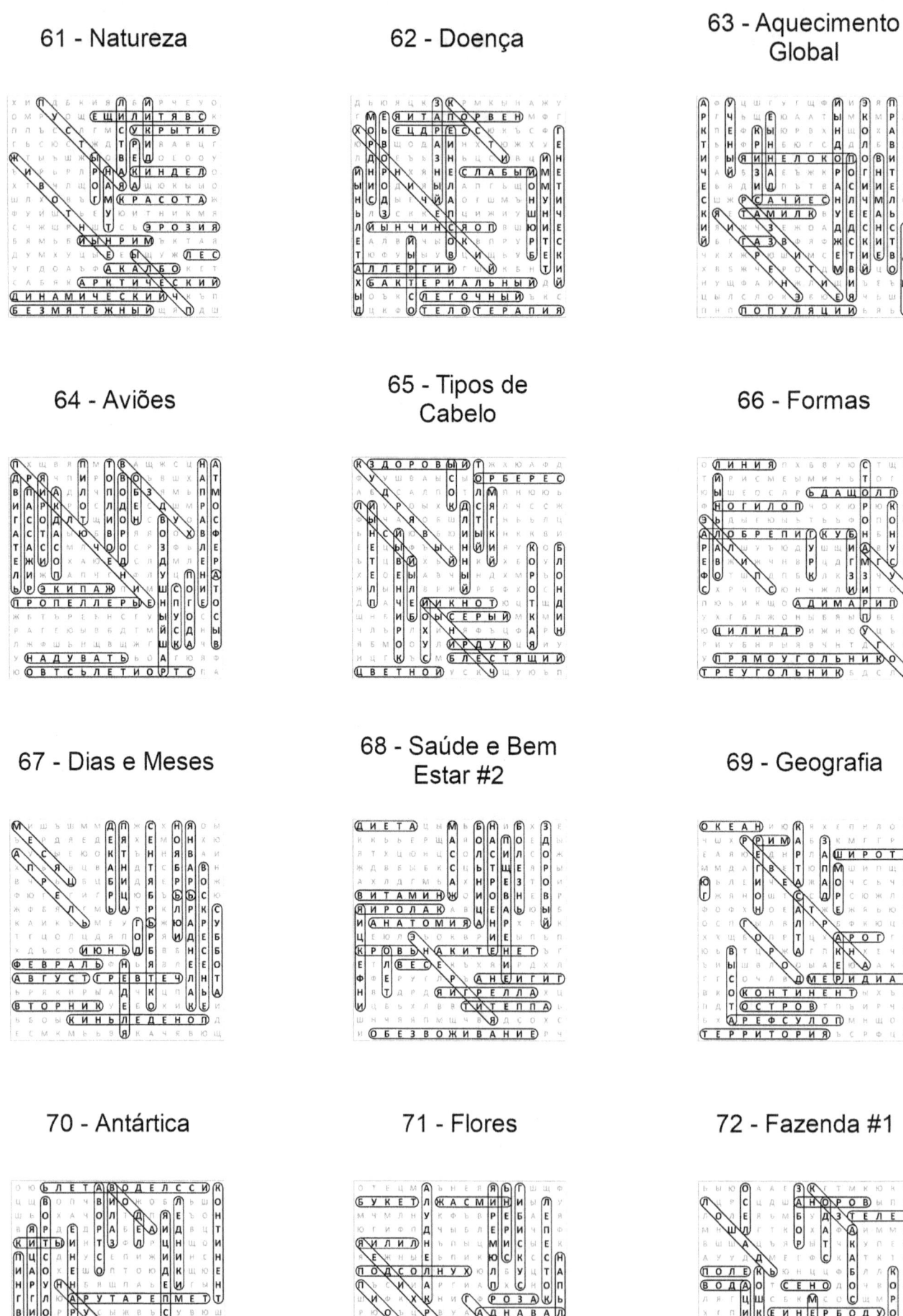

73 - Livros

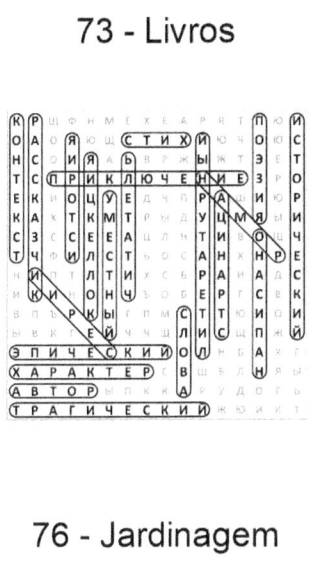

74 - Chocolate

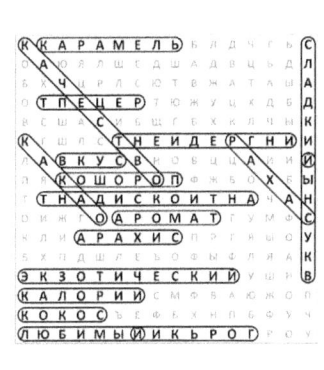

75 - Governo

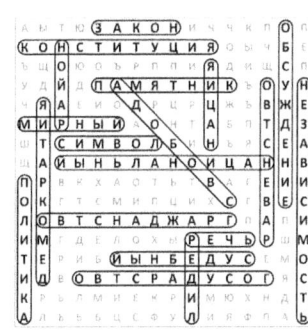

76 - Jardinagem

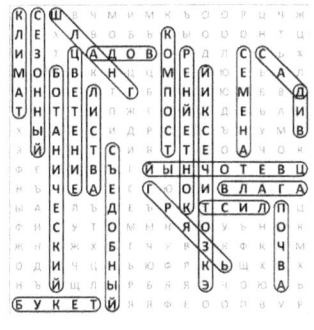

77 - Profissões #2

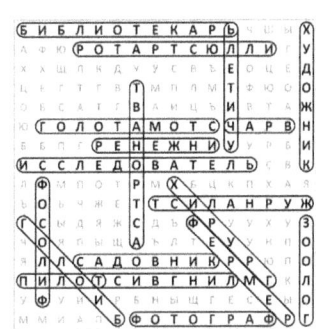

78 - Café

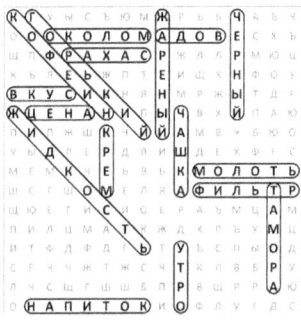

79 - Negócios

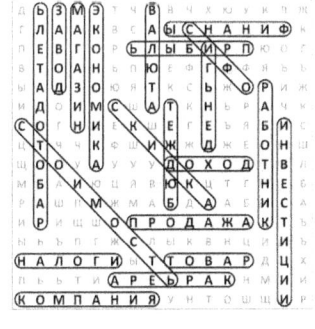

80 - Fazenda #2

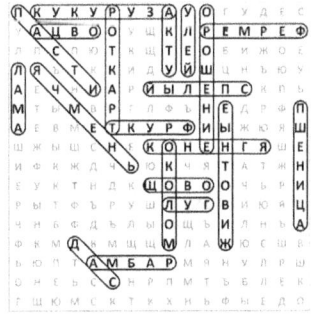

81 - Jardim

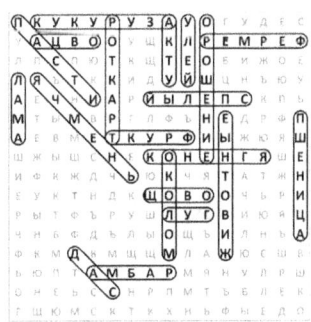

82 - Política

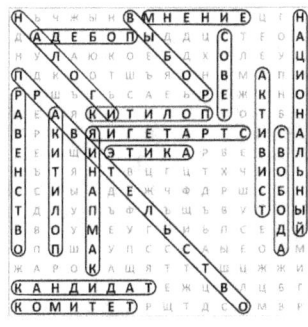

83 - Oceano

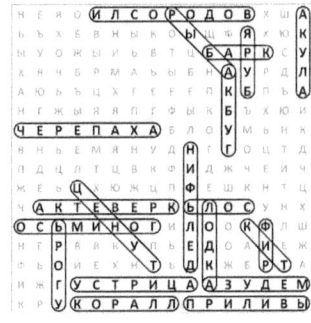

84 - Profissões #1

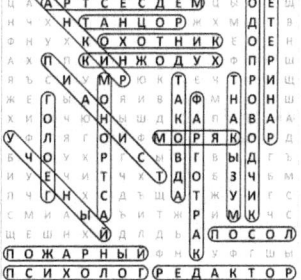

85 - Força e Gravidade

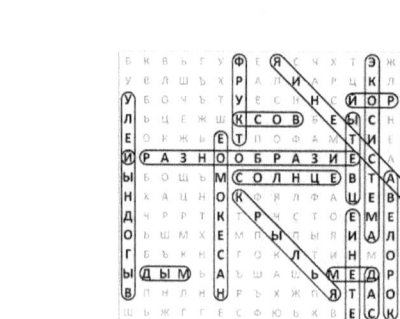

86 - Abelhas

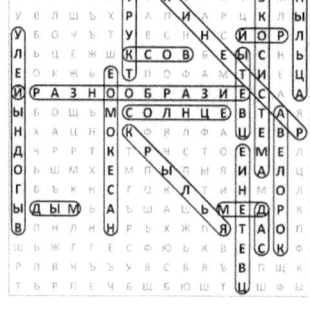

87 - Ciência

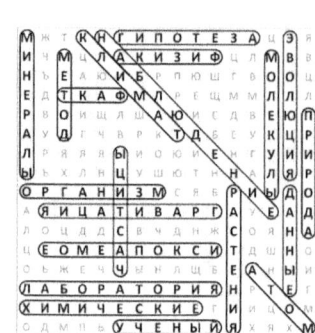

88 - Comida #1

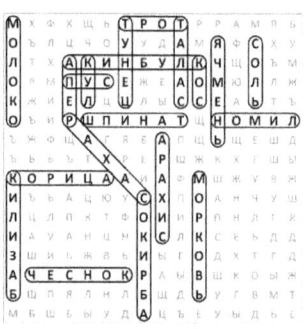

89 - Geometria

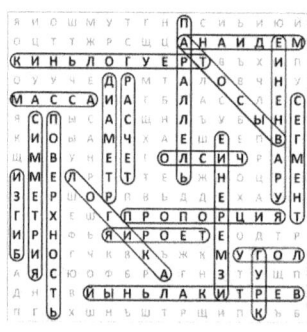

90 - Pássaros

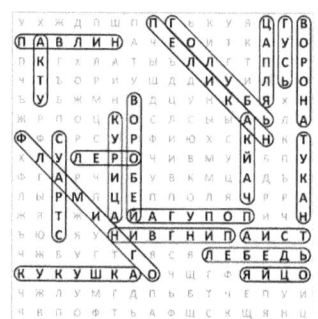

91 - Literatura

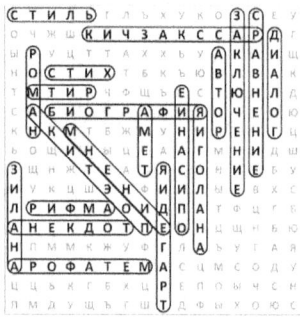

92 - Química

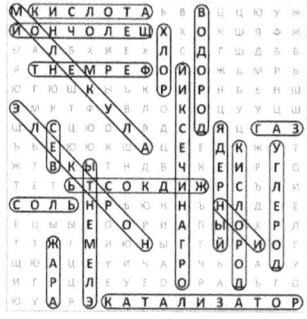

93 - Clima

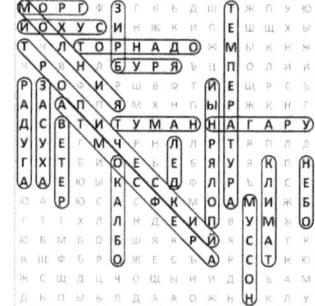

94 - Diplomacia

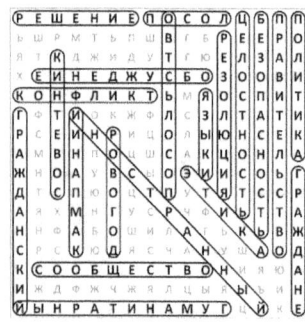

95 - Comida # 2

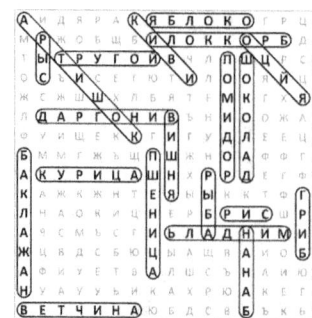

96 - Universo

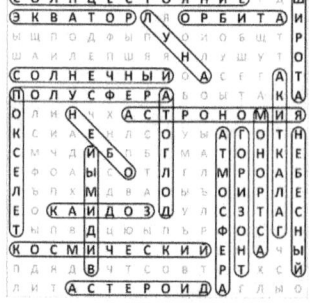

97 - Jazz

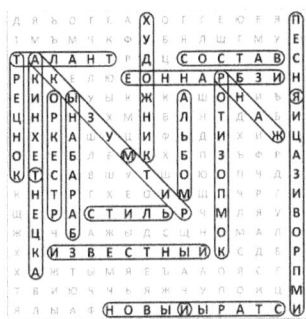

98 - Barcos

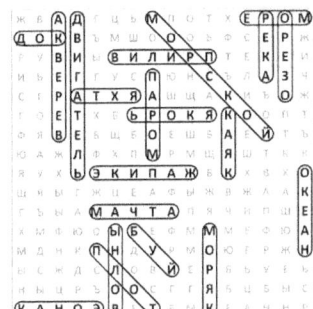

99 - Mamíferos

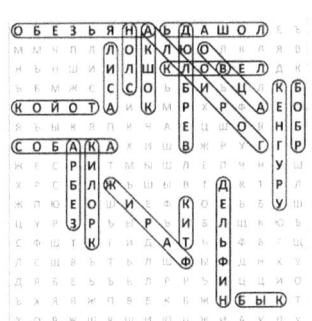

100 - Atividades e Lazer

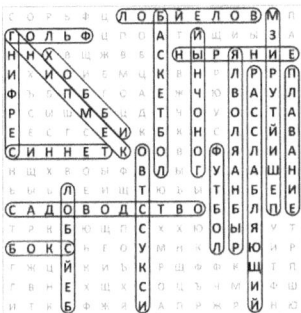

Dicionário

Abelhas
Пчелы

Asas	Крылья
Benéfico	Выгодный
Cera	Воск
Colmeia	Улей
Diversidade	Разнообразие
Ecossistema	Экосистема
Enxame	Рой
Flor	Цветение
Flores	Цветы
Fruta	Фрукт
Fumaça	Дым
Inseto	Насекомое
Jardim	Сад
Mel	Мед
Plantas	Растения
Pólen	Пыльца
Rainha	Королева
Sol	Солнце

Acampamento
Кемпинг

Animais	Животные
Aventura	Приключение
Árvores	Деревья
Bússola	Компас
Caça	Охота
Canoa	Каноэ
Chapéu	Шляпа
Corda	Веревка
Equipamento	Оборудование
Floresta	Лес
Fogo	Огонь
Inseto	Насекомое
Lago	Озеро
Lanterna	Фонарь
Lua	Луна
Maca	Гамак
Mapa	Карта
Montanha	Гора
Natureza	Природа
Tenda	Палатка

Adjetivos #1
Прилагательные #1

Absoluto	Абсолютный
Ambicioso	Амбициозный
Aromático	Ароматический
Brilhante	Яркий
Enorme	Огромный
Escuro	Темный
Exótico	Экзотический
Fino	Тонкий
Generoso	Щедрый
Grande	Большой
Honesto	Честный
Idêntico	Идентичный
Importante	Важный
Lento	Медленный
Misterioso	Таинственный
Moderno	Современный
Perfeito	Совершенный
Pesado	Тяжелый
Sério	Серьезный
Valioso	Ценный

Adjetivos #2
Прилагательные #2

Autêntico	Аутентичный
Criativo	Творческий
Descritivo	Описательный
Dotado	Одаренный
Elegante	Элегантный
Famoso	Известный
Forte	Сильный
Interessante	Интересный
Natural	Естественный
Normal	Нормальный
Novo	Новый
Orgulhoso	Гордый
Produtivo	Продуктивный
Puro	Чистый
Quente	Горячий
Responsável	Ответственный
Salgado	Соленый
Saudável	Здоровый
Seco	Сухой
Selvagem	Дикий

Agronomia
Агрономия

Água	Вода
Ciência	Наука
Crescimento	Рост
Doenças	Болезни
Ecologia	Экология
Energia	Энергия
Erosão	Эрозия
Estudo	Изучать
Fertilizante	Удобрение
Identificação	Идентификация
Legumes	Овощи
Orgânico	Органический
Pesquisa	Исследование
Plantas	Растения
Poluição	Загрязнение
Produção	Производство
Rural	Сельский
Sementes	Семена
Sistemas	Системы
Solo	Почва

Antártica
Антарктида

Água	Вода
Baía	Залив
Baleias	Киты
Científico	Научный
Conservação	Сохранение
Continente	Континент
Enseada	Бухточка
Expedição	Экспедиция
Geleiras	Ледники
Gelo	Лед
Geografia	География
Ilhas	Острова
Investigador	Исследователь
Migração	Миграция
Minerais	Минералы
Península	Полуостров
Pinguins	Пингвины
Rochoso	Скалистый
Temperatura	Температура
Topografia	Топография

Antiguidades
Антиквариат

Arte	Искусство
Autêntico	Аутентичный
Decorativo	Декоративный
Décadas	Десятилетия
Elegante	Элегантный
Entusiasta	Энтузиаст
Escultura	Скульптура
Estilo	Стиль
Galeria	Галерея
Incomum	Необычный
Investimento	Инвестиции
Item	Пункт
Leilão	Аукцион
Mobiliário	Мебель
Moedas	Монеты
Preço	Цена
Qualidade	Качество
Século	Век
Valor	Ценность
Velho	Старый

Aquecimento Global
Глобальное Потепление

Agora	Сейчас
Ambiental	Экологический
Atenção	Внимание
Ártico	Арктический
Cientista	Ученый
Clima	Климат
Consequências	Последствия
Crise	Кризис
Dados	Данные
Desenvolvimento	Развитие
Energia	Энергия
Futuro	Будущее
Gás	Газ
Gerações	Поколения
Governo	Правительство
Internacional	Международный
Populações	Популяции
Temperaturas	Температуры

Arqueologia
Археология

Análise	Анализ
Anos	Годы
Antiguidade	Древность
Avaliação	Оценка
Civilização	Цивилизация
Descendente	Потомок
Desconhecido	Неизвестный
Equipe	Команда
Era	Эра
Especialista	Эксперт
Esquecido	Забытый
Fóssil	Ископаемое
Investigador	Исследователь
Mistério	Тайна
Objetos	Объекты
Ossos	Кости
Professor	Профессор
Relíquia	Реликвия
Templo	Храм
Túmulo	Могила

Artes Visuais
Изобразительное Искусство

Argila	Глина
Arquitetura	Архитектура
Artista	Художник
Caneta	Ручка
Carvão	Уголь
Cavalete	Мольберт
Cera	Воск
Cerâmica	Керамика
Composição	Состав
Criatividade	Креативность
Escultura	Скульптура
Estêncil	Трафарет
Filme	Фильм
Fotografia	Фотография
Giz	Мел
Lápis	Карандаш
Obra-Prima	Шедевр
Perspectiva	Перспектива
Retrato	Портрет
Verniz	Лак

Astronomia
Астрономия

Asteróide	Астероид
Astronauta	Астронавт
Astrônomo	Астроном
Céu	Небо
Constelação	Созвездие
Cosmos	Космос
Eclipse	Затмение
Equinócio	Равноденствие
Foguete	Ракета
Gravidade	Гравитация
Lua	Луна
Meteoro	Метеор
Nebulosa	Туманность
Observatório	Обсерватория
Planeta	Планета
Radiação	Излучение
Solar	Солнечный
Supernova	Сверхновая
Terra	Земля
Universo	Вселенная

Atividades e Lazer
Развлечения и Досуг

Acampamento	Кемпинг
Arte	Искусство
Basquete	Баскетбол
Beisebol	Бейсбол
Boxe	Бокс
Caminhada	Пеший Туризм
Corrida	Гоночный
Futebol	Футбол
Golfe	Гольф
Hobbies	Хобби
Jardinagem	Садоводство
Mergulho	Ныряние
Natação	Плавание
Pesca	Рыбная Ловля
Relaxante	Расслабляющий
Surfe	Серфинг
Tênis	Теннис
Voleibol	Волейбол

Aventura
Приключение

Alegria	Радость
Amigos	Друзья
Atividade	Деятельность
Beleza	Красота
Bravura	Храбрость
Chance	Шанс
Desafios	Проблемы
Dificuldade	Трудность
Entusiasmo	Энтузиазм
Excursão	Экскурсия
Incomum	Необычный
Itinerário	Маршрут
Natureza	Природа
Navegação	Навигация
Novo	Новый
Oportunidade	Возможность
Perigoso	Опасный
Preparação	Подготовка
Segurança	Безопасность

Aviões
Самолеты

Altura	Высота
Ar	Воздух
Aterrissagem	Посадка
Atmosfera	Атмосфера
Aventura	Приключение
Balão	Воздушный Шар
Céu	Небо
Combustível	Топливо
Construção	Строительство
Descida	Спуск
Direção	Направление
Hélices	Пропеллеры
Hidrogênio	Водород
História	История
Inflar	Надувать
Motor	Двигатель
Passageiro	Пассажир
Piloto	Пилот
Tempo	Погода
Tripulação	Экипаж

Água
Вода

Canal	Канал
Chuva	Дождь
Chuveiro	Душ
Evaporação	Испарение
Furacão	Ураган
Geada	Мороз
Gelo	Лед
Geyser	Гейзер
Inundação	Наводнение
Irrigação	Орошение
Lago	Озеро
Monção	Муссон
Neve	Снег
Oceano	Океан
Ondas	Волны
Potável	Питьевой
Rio	Река
Umidade	Влажность
Vapor	Пар

Álgebra
Алгебра

Diagrama	Диаграмма
Equação	Уравнение
Expoente	Экспонент
Falso	Ложный
Fator	Фактор
Fórmula	Формула
Fração	Фракция
Infinito	Бесконечный
Linear	Линейный
Matriz	Матрица
Número	Число
Parêntese	Скобка
Problema	Проблема
Quantidade	Количество
Simplificar	Упрощать
Solução	Решение
Soma	Сумма
Subtração	Вычитание
Variável	Переменная
Zero	Нуль

Balé
Балет

Aplauso	Аплодисменты
Bailarina	Балерина
Compositor	Композитор
Coreografia	Хореография
Dançarinos	Танцоры
Ensaio	Репетиция
Estilo	Стиль
Expressivo	Выразительный
Gesto	Жест
Habilidade	Навык
Intensidade	Интенсивность
Músculos	Мышцы
Música	Музыка
Orquestra	Оркестр
Prática	Практика
Público	Аудитория
Ritmo	Ритм
Solo	Соло
Técnica	Техника

Barcos
Лодки

Âncora	Якорь
Balsa	Паром
Bóia	Буй
Caiaque	Каяк
Canoa	Каноэ
Corda	Веревка
Doca	Док
Iate	Яхта
Jangada	Плот
Lago	Озеро
Mar	Море
Maré	Прилив
Marinheiro	Моряк
Mastro	Мачта
Motor	Двигатель
Náutico	Морской
Oceano	Океан
Ondas	Волны
Rio	Река
Tripulação	Экипаж

Beleza
Красота

Batom	Помада
Cachos	Кудри
Charme	Очарование
Cor	Цвет
Cosméticos	Косметика
Elegante	Элегантный
Elegância	Элегантность
Espelho	Зеркало
Estilista	Стилист
Fotogênico	Фотогеничный
Fragrância	Аромат
Graça	Грация
Óleos	Масла
Pele	Кожа
Produtos	Продукты
Serviços	Услуги
Suave	Гладкий
Tesoura	Ножницы
Xampu	Шампунь

Biologia
Биология

Anatomia	Анатомия
Bactérias	Бактерии
Célula	Ячейка
Colagénio	Коллаген
Cromossoma	Хромосома
Embrião	Эмбрион
Enzima	Фермент
Evolução	Эволюция
Fotossíntese	Фотосинтез
Hormona	Гормон
Mamífero	Млекопитающее
Mutação	Мутация
Natural	Естественный
Nervo	Нерв
Neurônio	Нейрон
Osmose	Осмос
Proteína	Белок
Réptil	Рептилия
Simbiose	Симбиоз
Sinapse	Синапс

Café
Кофе

Açúcar	Сахар
Amargo	Горький
Aroma	Аромат
Assado	Жареный
Água	Вода
Bebida	Напиток
Cafeína	Кофеин
Copa	Чашка
Creme	Крем
Filtro	Фильтр
Leite	Молоко
Líquido	Жидкость
Manhã	Утро
Moer	Молоть
Origem	Происхождение
Preço	Цена
Preto	Черный
Sabor	Вкус
Variedade	Разнообразие

Caminhada
Пеший Туризм

Acampamento	Кемпинг
Animais	Животные
Água	Вода
Botas	Ботинки
Cansado	Усталый
Clima	Климат
Cume	Саммит
Mapa	Карта
Montanha	Гора
Natureza	Природа
Orientação	Ориентация
Parques	Парки
Pedras	Камни
Penhasco	Утес
Perigos	Опасности
Pesado	Тяжелый
Preparação	Подготовка
Selvagem	Дикий
Sol	Солнце
Tempo	Погода

Casa
Дом

Biblioteca	Библиотека
Cerca	Забор
Chaves	Ключи
Chuveiro	Душ
Cortinas	Шторы
Cozinha	Кухня
Espelho	Зеркало
Garagem	Гараж
Janela	Окно
Jardim	Сад
Lareira	Камин
Mobiliário	Мебель
Parede	Стена
Porta	Дверь
Quarto	Комната
Sótão	Чердак
Tapete	Коврик
Teto	Потолок
Torneira	Кран
Vassoura	Метла

Chocolate
Шоколад

Açúcar	Сахар
Amargo	Горький
Amendoins	Арахис
Antioxidante	Антиоксидант
Aroma	Аромат
Cacau	Какао
Calorias	Калории
Caramelo	Карамель
Coco	Кокос
Delicioso	Вкусный
Doce	Сладкий
Exótico	Экзотический
Favorito	Любимый
Gosto	Вкус
Ingrediente	Ингредиент
Pó	Порошок
Qualidade	Качество
Receita	Рецепт

Churrascos
Барбекю

Cebolas	Лук
Convite	Приглашение
Crianças	Дети
Facas	Ножи
Família	Семья
Fome	Голод
Frango	Курица
Fruta	Фрукт
Grelha	Гриль
Jantar	Обед
Jogos	Игры
Legumes	Овощи
Molho	Соус
Música	Музыка
Pimenta	Перец
Quente	Горячий
Sal	Соль
Saladas	Салаты
Tomates	Помидоры
Verão	Лето

Cidade
Город

Aeroporto	Аэропорт
Banco	Банк
Biblioteca	Библиотека
Cinema	Кино
Clínica	Клиника
Escola	Школа
Estádio	Стадион
Farmácia	Аптека
Florista	Флорист
Galeria	Галерея
Hotel	Отель
Jardim Zoológico	Зоопарк
Mercado	Рынок
Museu	Музей
Padaria	Пекарня
Restaurante	Ресторан
Salão	Салон
Supermercado	Супермаркет
Teatro	Театр
Universidade	Университет

Ciência
Наука

Átomo	Атом
Cientista	Ученый
Clima	Климат
Dados	Данные
Evolução	Эволюция
Fato	Факт
Física	Физика
Fóssil	Ископаемое
Gravidade	Гравитация
Hipótese	Гипотеза
Laboratório	Лаборатория
Método	Метод
Minerais	Минералы
Moléculas	Молекулы
Natureza	Природа
Observação	Наблюдение
Organismo	Организм
Partículas	Частицы
Plantas	Растения
Químico	Химические

Clima
Погода

Arco-Íris	Радуга
Atmosfera	Атмосфера
Brisa	Бриз
Céu	Небо
Clima	Климат
Furacão	Ураган
Gelo	Лед
Monção	Муссон
Nevoeiro	Туман
Nuvem	Облако
Polar	Полярный
Relâmpago	Молния
Seca	Засуха
Seco	Сухой
Temperatura	Температура
Tempestade	Буря
Tornado	Торнадо
Tropical	Тропический
Trovão	Гром
Vento	Ветер

Comida # 2
Еда #2

Alcachofra	Артишок
Amêndoa	Миндаль
Arroz	Рис
Banana	Банан
Beringela	Баклажан
Brócolis	Брокколи
Cereja	Вишня
Chocolate	Шоколад
Cogumelo	Гриб
Frango	Курица
Iogurte	Йогурт
Kiwi	Киви
Maçã	Яблоко
Ovo	Яйцо
Peixe	Рыба
Presunto	Ветчина
Queijo	Сыр
Tomate	Помидор
Trigo	Пшеница
Uva	Виноград

Comida #1
Еда #1

Açúcar	Сахар
Alho	Чеснок
Amendoim	Арахис
Atum	Тунец
Bolo	Торт
Canela	Корица
Cebola	Лук
Cenoura	Морковь
Cevada	Ячмень
Damasco	Абрикос
Espinafre	Шпинат
Leite	Молоко
Limão	Лимон
Manjericão	Базилик
Morango	Клубника
Nabo	Репа
Sal	Соль
Salada	Салат
Sopa	Суп
Suco	Сок

Corpo Humano
Тело Человека

Boca	Рот
Cabeça	Голова
Cérebro	Мозг
Coração	Сердце
Cotovelo	Локоть
Dedo	Палец
Joelho	Колено
Mandíbula	Челюсть
Mão	Рука
Nariz	Нос
Olho	Глаз
Ombro	Плечо
Orelha	Ухо
Pele	Кожа
Perna	Нога
Pescoço	Шея
Queixo	Подбородок
Sangue	Кровь
Testa	Лоб
Tornozelo	Лодыжка

Cozinha
Кухня

Avental	Фартук
Chaleira	Чайник
Colheres	Ложки
Concha	Ковш
Cups	Чашки
Especiarias	Специи
Esponja	Губка
Facas	Ножи
Forno	Печь
Freezer	Морозилка
Garfos	Вилки
Geladeira	Холодильник
Grelha	Гриль
Guardanapo	Салфетка
Jar	Банка
Jarro	Кувшин
Receita	Рецепт
Tigela	Чаша

Dança
Танец

Academia	Академия
Alegre	Радостный
Arte	Искусство
Clássico	Классический
Coreografia	Хореография
Corpo	Тело
Cultura	Культура
Cultural	Культурный
Emoção	Эмоция
Ensaio	Репетиция
Expressivo	Выразительный
Graça	Грация
Movimento	Движение
Música	Музыка
Parceiro	Партнер
Postura	Поза
Ritmo	Ритм
Tradicional	Традиционный
Visual	Визуальный

Dias e Meses
Дни и Месяцы

Abril	Апрель
Agosto	Август
Ano	Год
Calendário	Календарь
Dezembro	Декабрь
Domingo	Воскресенье
Fevereiro	Февраль
Janeiro	Январь
Julho	Июль
Junho	Июнь
Mês	Месяц
Novembro	Ноябрь
Outubro	Октябрь
Quinta-Feira	Четверг
Sábado	Суббота
Segunda-Feira	Понедельник
Semana	Неделя
Setembro	Сентябрь
Sexta-Feira	Пятница
Terça	Вторник

Diplomacia
Дипломатия

Campanhas	Кампании
Cidadãos	Граждане
Cívico	Гражданский
Comunidade	Сообщество
Conflito	Конфликт
Consultor	Советник
Discussão	Обсуждение
Embaixada	Посольство
Embaixador	Посол
Estrangeiro	Иностранный
Ética	Этика
Governo	Правительство
Humanitário	Гуманитарный
Integridade	Целостность
Línguas	Языки
Política	Политика
Resolução	Резолюция
Segurança	Безопасность
Solução	Решение
Tratado	Договор

Dirigindo
Вождение

Acidente	Авария
Carro	Автомобиль
Combustível	Топливо
Cuidado	Осторожность
Estrada	Дорога
Freios	Тормоза
Garagem	Гараж
Gás	Газ
Licença	Лицензия
Mapa	Карта
Motocicleta	Мотоцикл
Motor	Мотор
Pedestre	Пешеход
Perigo	Опасность
Polícia	Полиция
Rua	Улица
Segurança	Безопасность
Transporte	Транспорт
Tráfego	Движение
Túnel	Туннель

Disciplinas Científicas
Научные Дисциплины

Anatomia	Анатомия
Arqueologia	Археология
Astronomia	Астрономия
Biologia	Биология
Bioquímica	Биохимия
Botânica	Ботаника
Cinesiologia	Кинезиология
Ecologia	Экология
Fisiologia	Физиология
Geologia	Геология
Imunologia	Иммунология
Linguística	Лингвистика
Meteorologia	Метеорология
Mineralogia	Минералогия
Neurologia	Неврология
Psicologia	Психология
Química	Химия
Sociologia	Социология
Termodinâmica	Термодинамика
Zoologia	Зоология

Doença
Заболевание

Abdominal	Брюшной
Agudo	Острый
Alergias	Аллергии
Bacteriano	Бактериальный
Contagioso	Заразный
Coração	Сердце
Corpo	Тело
Crônica	Хронический
Fraco	Слабый
Genético	Генетический
Imunidade	Иммунитет
Inflamação	Воспаление
Lombar	Поясничный
Neuropatia	Невропатия
Ossos	Кости
Pulmonar	Легочный
Respiratório	Дыхательный
Saúde	Здоровье
Síndrome	Синдром
Terapia	Терапия

Edifícios
Здания

Apartamento	Квартира
Castelo	Замок
Celeiro	Амбар
Cinema	Кино
Embaixada	Посольство
Escola	Школа
Estádio	Стадион
Fazenda	Ферма
Fábrica	Завод
Garagem	Гараж
Hospital	Больница
Hotel	Отель
Laboratório	Лаборатория
Museu	Музей
Observatório	Обсерватория
Supermercado	Супермаркет
Teatro	Театр
Tenda	Палатка
Torre	Башня
Universidade	Университет

Emoções
Эмоции

Alegria	Радость
Amor	Любовь
Bem-Aventurança	Блаженство
Bondade	Доброта
Calmo	Спокойный
Conteúdo	Содержание
Envergonhado	Смущенный
Grato	Благодарный
Medo	Страх
Paz	Мир
Raiva	Гнев
Relaxado	Расслабленный
Satisfeito	Доволен
Simpatia	Симпатия
Ternura	Нежность
Tédio	Скука
Tranquilidade	Спокойствие
Tristeza	Печаль

Energia
Энергия

Bateria	Батарея
Calor	Жара
Carbono	Углерод
Combustível	Топливо
Diesel	Дизель
Elétrico	Электрический
Elétron	Электрон
Entropia	Энтропия
Fóton	Фотон
Gasolina	Бензин
Hidrogênio	Водород
Motor	Мотор
Nuclear	Ядерный
Poluição	Загрязнение
Sol	Солнце
Turbina	Турбина
Vapor	Пар
Vento	Ветер

Engenharia
Инженерия

Alavancas	Рычаги
Atrito	Трение
Ângulo	Угол
Cálculo	Расчет
Construção	Строительство
Diagrama	Диаграмма
Diâmetro	Диаметр
Diesel	Дизель
Dimensões	Размеры
Distribuição	Распределение
Eixo	Ось
Energia	Энергия
Estabilidade	Стабильность
Estrutura	Структура
Força	Сила
Líquido	Жидкость
Máquina	Машина
Medição	Измерение
Motor	Мотор
Profundidade	Глубина

Especiarias
Специи

Açafrão	Шафран
Alcaçuz	Солодка
Alho	Чеснок
Amargo	Горький
Anis	Анис
Azedo	Кислый
Baunilha	Ваниль
Canela	Корица
Cardamomo	Кардамон
Caril	Карри
Cebola	Лук
Coentro	Кориандр
Cominho	Тмин
Cravo	Гвоздика
Doce	Сладкий
Funcho	Фенхель
Gengibre	Имбирь
Pimenta	Перец
Sabor	Вкус
Sal	Соль

Família
Семья

Antepassado	Предок
Avó	Бабушка
Avô	Дед
Criança	Ребенок
Crianças	Дети
Esposa	Жена
Filha	Дочь
Infância	Детство
Irmã	Сестра
Irmão	Брат
Marido	Муж
Materno	Материнский
Mãe	Мать
Neto	Внук
Pai	Отец
Paterno	Отцовский
Sobrinha	Племянница
Sobrinho	Племянник
Tia	Тетя
Tio	Дядя

Fazenda #1
Ферма #1

Abelha	Пчела
Arroz	Рис
Água	Вода
Bezerro	Телец
Burro	Осел
Cabra	Коза
Campo	Поле
Cavalo	Лошадь
Cão	Собака
Cerca	Забор
Corvo	Ворона
Feno	Сено
Fertilizante	Удобрение
Frango	Курица
Gato	Кошка
Mel	Мед
Porco	Свинья
Rebanho	Стадо
Terra	Земля
Vaca	Корова

Fazenda #2
Ферма #2

Agricultor	Фермер
Animais	Животные
Celeiro	Амбар
Cevada	Ячмень
Colmeia	Улей
Cordeiro	Ягненок
Fruta	Фрукт
Irrigação	Орошение
Leite	Молоко
Lhama	Лама
Maduro	Спелый
Milho	Кукуруза
Ovelha	Овца
Pastor	Пасти
Pato	Утка
Pomar	Сад
Prado	Луг
Trator	Трактор
Trigo	Пшеница
Vegetal	Овощ

Férias #2
Отпуск #2

Acampamento	Кемпинг
Aeroporto	Аэропорт
Estrangeiro	Иностранец
Feriado	Праздник
Fotos	Фото
Hotel	Отель
Ilha	Остров
Lazer	Досуг
Mapa	Карта
Mar	Море
Montanhas	Горы
Passaporte	Паспорт
Praia	Пляж
Reservas	Бронирование
Restaurante	Ресторан
Táxi	Такси
Tenda	Палатка
Transporte	Транспорт
Viagem	Путешествие
Visto	Виза

Ficção Científica
Научная Фантастика

Atómico	Атомный
Cenário	Сценарий
Cinema	Кино
Clones	Клоны
Distopia	Антиутопия
Explosão	Взрыв
Extremo	Экстремальный
Fogo	Огонь
Galáxia	Галактика
Ilusão	Иллюзия
Imaginário	Воображаемый
Livros	Книги
Misterioso	Таинственный
Mundo	Мир
Oráculo	Оракул
Planeta	Планета
Realista	Реалистичный
Robôs	Роботы
Tecnologia	Технология
Utopia	Утопия

Filantropia
Филантропия

Comunidade	Сообщество
Contatos	Контакты
Crianças	Дети
Desafios	Проблемы
Finança	Финансы
Fundos	Фонды
Generosidade	Щедрость
Global	Глобальный
Grupos	Группы
História	История
Honestidade	Честность
Humanidade	Человечество
Juventude	Молодежь
Missão	Миссия
Necessidade	Нужно
Objetivos	Цели
Pessoas	Люди
Programas	Программы
Público	Общественный

Física
Физика

Aceleração	Ускорение
Átomo	Атом
Caos	Хаос
Densidade	Плотность
Elétron	Электрон
Expansão	Расширение
Fórmula	Формула
Frequência	Частота
Gás	Газ
Gravidade	Гравитация
Magnetismo	Магнетизм
Massa	Масса
Mecânica	Механика
Molécula	Молекула
Motor	Двигатель
Nuclear	Ядерный
Partícula	Частица
Químico	Химические
Universal	Универсальный
Velocidade	Скорость

Flores
Цветы

Buquê	Букет
Calêndula	Календула
Dente-De-Leão	Одуванчик
Gardênia	Гардения
Girassol	Подсолнух
Hibisco	Гибискус
Jasmim	Жасмин
Lavanda	Лаванда
Lilás	Сирень
Lírio	Лилия
Magnólia	Магнолия
Margarida	Маргаритка
Orquídea	Орхидея
Papoula	Мак
Peônia	Пион
Pétala	Лепесток
Plumeria	Плюмерия
Rosa	Роза
Trevo	Клевер
Tulipa	Тюльпан

Força e Gravidade
Сила и Гравитация

Atrito	Трение
Centro	Центр
Descoberta	Открытие
Dinâmico	Динамический
Distância	Расстояние
Eixo	Ось
Expansão	Расширение
Física	Физика
Impacto	Влияние
Magnetismo	Магнетизм
Magnitude	Величина
Mecânica	Механика
Órbita	Орбита
Peso	Вес
Planetas	Планеты
Pressão	Давление
Propriedades	Свойства
Rapidez	Скорость
Tempo	Время
Universal	Универсальный

Formas
Формы

Arco	Дуга
Canto	Угол
Cilindro	Цилиндр
Círculo	Круг
Cone	Конус
Cubo	Куб
Curva	Изгиб
Elipse	Эллипс
Esfera	Сфера
Hipérbole	Гипербола
Lado	Сторона
Linha	Линия
Oval	Овальный
Pirâmide	Пирамида
Polígono	Полигон
Prisma	Призма
Quadrado	Площадь
Retângulo	Прямоугольник
Triângulo	Треугольник

Frutas
Фрукты

Abacate	Авокадо
Abacaxi	Ананас
Amora	Ежевика
Baga	Ягода
Banana	Банан
Cereja	Вишня
Coco	Кокос
Damasco	Абрикос
Figo	Инжир
Framboesa	Малина
Kiwi	Киви
Laranja	Оранжевый
Limão	Лимон
Maçã	Яблоко
Mamão	Папайя
Manga	Манго
Nectarina	Нектарин
Pera	Груша
Pêssego	Персик
Uva	Виноград

Geografia
География

Altitude	Высота
Atlas	Атлас
Cidade	Город
Continente	Континент
Hemisfério	Полусфера
Ilha	Остров
Latitude	Широта
Mapa	Карта
Mar	Море
Meridiano	Меридиан
Montanha	Гора
Mundo	Мир
Norte	Север
Oceano	Океан
Oeste	Запад
País	Страна
Região	Регион
Rio	Река
Sul	Юг
Território	Территория

Geologia
Геология

Ácido	Кислота
Camada	Слой
Caverna	Пещера
Cálcio	Кальций
Continente	Континент
Coral	Коралл
Cristais	Кристаллы
Erosão	Эрозия
Estalactite	Сталактит
Estalagmites	Сталагмиты
Fóssil	Ископаемое
Lava	Лава
Minerais	Минералы
Pedra	Камень
Platô	Плато
Quartzo	Кварц
Sal	Соль
Terremoto	Землетрясение
Vulcão	Вулкан
Zona	Зона

Geometria
Геометрия

Altura	Высота
Ângulo	Угол
Cálculo	Расчет
Círculo	Круг
Curva	Изгиб
Diâmetro	Диаметр
Dimensão	Измерение
Equação	Уравнение
Lógica	Логика
Massa	Масса
Mediana	Медиана
Número	Число
Paralelo	Параллель
Proporção	Пропорция
Segmento	Сегмент
Simetria	Симметрия
Superfície	Поверхность
Teoria	Теория
Triângulo	Треугольник
Vertical	Вертикальный

Governo
Правительство

Cidadania	Гражданство
Civil	Гражданский
Constituição	Конституция
Democracia	Демократия
Discurso	Речь
Discussão	Обсуждение
Distrito	Район
Estado	Государство
Igualdade	Равенство
Independência	Независимость
Judicial	Судебный
Lei	Закон
Liberdade	Свобода
Líder	Лидер
Monumento	Памятник
Nacional	Национальный
Nação	Нация
Pacífico	Мирный
Política	Политика
Símbolo	Символ

Herbalismo
Тимбализм

Açafrão	Шафран
Alecrim	Розмарин
Alho	Чеснок
Aromático	Ароматический
Benético	Выгодный
Coentro	Кориандр
Estragão	Эстрагон
Flor	Цветок
Funcho	Фенхель
Ingrediente	Ингредиент
Jardim	Сад
Lavanda	Лаванда
Manjericão	Базилик
Manjerona	Майоран
Planta	Растение
Qualidade	Качество
Sabor	Вкус
Salsa	Петрушка
Tomilho	Тимьян
Verde	Зеленый

Imigração
Иммиграция

Administração	Администрация
Adultos	Взрослые
Ajuda	Помощь
Aprovação	Утверждение
Comunicação	Коммуникация
Crianças	Дети
Documentos	Документы
Estresse	Стресс
Fronteiras	Границы
Habitação	Жилье
Lei	Закон
Língua	Язык
Negociação	Переговоры
Oficial	Офицер
Prazo	Крайний Срок
Processo	Процесс
Proteção	Защита
Situação	Ситуация
Solução	Решение

Instrumentos Musicais
Музыкальные Инструменты

Bandolim	Мандолина
Banjo	Банджо
Clarinete	Кларнет
Fagote	Фагот
Flauta	Флейта
Gaita	Гармоника
Gongo	Гонг
Harpa	Арфа
Marimba	Маримба
Oboé	Гобой
Pandeiro	Бубен
Percussão	Перкуссия
Piano	Пианино
Saxofone	Саксофон
Tambor	Барабан
Trombone	Тромбон
Trompete	Труба
Violão	Гитара
Violino	Скрипка
Violoncelo	Виолончель

Jardim
Сад

Ancinho	Грабли
Arbusto	Куст
Árvore	Дерево
Banco	Скамья
Cerca	Забор
Ervas Daninhas	Сорняки
Flor	Цветок
Garagem	Гараж
Grama	Трава
Gramado	Лужайка
Jardim	Сад
Lagoa	Пруд
Maca	Гамак
Mangueira	Шланг
Pá	Лопата
Solo	Почва
Terraço	Терраса
Trampolim	Батут
Varanda	Крыльцо

Jardinagem
Садоводство

Água	Вода
Botânico	Ботанический
Buquê	Букет
Clima	Климат
Comestível	Съедобный
Composto	Компост
Espécies	Вид
Exótico	Экзотический
Flor	Цветение
Floral	Цветочный
Folha	Лист
Folhagem	Листва
Mangueira	Шланг
Pomar	Сад
Recipiente	Контейнер
Sazonal	Сезонный
Sementes	Семена
Solo	Почва
Sujeira	Грязь
Umidade	Влага

Jazz
Джаз

Artista	Художник
Álbum	Альбом
Bateria	Барабаны
Canção	Песня
Composição	Состав
Compositor	Композитор
Concerto	Концерт
Estilo	Стиль
Ênfase	Акцент
Famoso	Известный
Favoritos	Избранное
Gênero	Жанр
Improvisação	Импровизация
Música	Музыка
Novo	Новый
Orquestra	Оркестр
Ritmo	Ритм
Talento	Талант
Técnica	Техника
Velho	Старый

Literatura
Литература

Analogia	Аналогия
Análise	Анализ
Anedota	Анекдот
Autor	Автор
Biografia	Биография
Comparação	Сравнение
Conclusão	Заключение
Descrição	Описание
Diálogo	Диалог
Estilo	Стиль
Metáfora	Метафора
Narrador	Рассказчик
Opinião	Мнение
Poema	Стих
Poético	Поэтика
Rima	Рифма
Ritmo	Ритм
Romance	Роман
Tema	Тема
Tragédia	Трагедия

Livros
Книги

Autor	Автор
Aventura	Приключение
Coleção	Коллекция
Contexto	Контекст
Escrito	Написано
Épico	Эпический
História	История
Histórico	Исторический
Leitor	Читатель
Literário	Литературный
Narrador	Рассказчик
Palavras	Слова
Página	Страница
Personagem	Характер
Poema	Стих
Poesia	Поэзия
Relevante	Уместный
Romance	Роман
Série	Серии
Trágico	Трагический

Mamíferos
Млекопитающие

Baleia	Кит
Camelo	Верблюд
Canguru	Кенгуру
Castor	Бобр
Cavalo	Лошадь
Cão	Собака
Coelho	Кролик
Coiote	Койот
Elefante	Слон
Gato	Кошка
Girafa	Жираф
Golfinho	Дельфин
Gorila	Горилла
Leão	Лев
Lobo	Волк
Macaco	Обезьяна
Ovelha	Овца
Raposa	Лиса
Touro	Бык
Zebra	Зебра

Matemática
Математика

Aritmética	Арифметика
Ângulos	Углы
Decimal	Десятичный
Diâmetro	Диаметр
Equação	Уравнение
Expoente	Экспонент
Fração	Фракция
Geometria	Геометрия
Números	Числа
Paralelo	Параллель
Perímetro	Периметр
Perpendicular	Перпендикуляр
Polígono	Полигон
Quadrado	Площадь
Raio	Радиус
Retângulo	Прямоугольник
Simetria	Симметрия
Soma	Сумма
Triângulo	Треугольник
Volume	Объем

Material de Arte
Художественные
Принадлежности

Acrílico	Акриловый
Apagador	Ластик
Aquarelas	Акварели
Argila	Глина
Água	Вода
Cadeira	Стул
Carvão	Уголь
Cavalete	Мольберт
Câmera	Камера
Cola	Клей
Cores	Цвета
Criatividade	Креативность
Escovas	Щетки
Lápis	Карандаши
Mesa	Стол
Óleo	Масло
Papel	Бумага
Pastels	Пастели
Tinta	Чернила
Tintas	Краски

Medições
Измерения

Altura	Высота
Byte	Байт
Centímetro	Сантиметр
Comprimento	Длина
Decimal	Десятичный
Grama	Грамм
Grau	Степень
Largura	Ширина
Litro	Литр
Massa	Масса
Metro	Метр
Minuto	Минута
Onça	Унция
Peso	Вес
Polegada	Дюйм
Profundidade	Глубина
Quilograma	Килограмм
Quilômetro	Километр
Tonelada	Тонна
Volume	Объем

Meditação
Медитация

Aceitação	Принятие
Acordado	Бодрствующий
Atenção	Внимание
Bondade	Доброта
Clareza	Ясность
Compaixão	Сострадание
Emoções	Эмоции
Ensinamentos	Учения
Gratidão	Благодарность
Mental	Умственный
Mente	Ум
Movimento	Движение
Música	Музыка
Natureza	Природа
Observação	Наблюдение
Paz	Мир
Pensamentos	Мысли
Perspectiva	Перспектива
Postura	Поза
Silêncio	Тишина

Mitologia
Мифология

Arquétipo	Архетип
Ciúmes	Ревность
Comportamento	Поведение
Criação	Создание
Criatura	Существо
Cultura	Культура
Desastre	Катастрофа
Força	Сила
Guerreiro	Воин
Heroína	Героиня
Herói	Герой
Imortalidade	Бессмертие
Labirinto	Лабиринт
Lenda	Легенда
Mágico	Волшебный
Monstro	Монстр
Mortal	Смертный
Relâmpago	Молния
Trovão	Гром
Vingança	Месть

Moda
Мода

Acessível	Доступный
Bordado	Вышивка
Botões	Кнопки
Boutique	Бутик
Caro	Дорогой
Confortável	Удобный
Elegante	Элегантный
Estilo	Стиль
Medidas	Измерения
Minimalista	Минималист
Moderno	Современный
Modesto	Скромный
Original	Оригинал
Prático	Практический
Renda	Кружево
Roupa	Одежда
Simples	Простой
Tecido	Ткань
Tendência	Тенденция
Textura	Текстура

Música
Музыка

Álbum	Альбом
Balada	Баллада
Cantar	Петь
Cantor	Певец
Clássico	Классический
Coro	Хор
Gravação	Запись
Harmonia	Гармония
Instrumento	Инструмент
Lírico	Лирический
Melodia	Мелодия
Microfone	Микрофон
Musical	Музыкальный
Músico	Музыкант
Ópera	Опера
Poético	Поэтика
Ritmo	Ритм
Rítmico	Ритмичный
Tempo	Темп
Vocal	Вокал

Natureza
Природа

Abelhas	Пчелы
Abrigo	Укрытие
Animais	Животные
Ártico	Арктический
Beleza	Красота
Deserto	Пустыня
Dinâmico	Динамический
Erosão	Эрозия
Floresta	Лес
Folhagem	Листва
Geleira	Ледник
Montanhas	Горы
Nevoeiro	Туман
Nuvens	Облака
Pacífico	Мирный
Rio	Река
Santuário	Святилище
Selvagem	Дикий
Sereno	Безмятежный
Tropical	Тропический

Negócios
Бизнес

Carreira	Карьера
Custo	Стоимость
Desconto	Скидка
Dinheiro	Деньги
Economia	Экономика
Empregado	Работник
Empregador	Работодатель
Empresa	Компания
Escritório	Офис
Fábrica	Завод
Finança	Финансы
Impostos	Налоги
Investimento	Инвестиции
Loja	Магазин
Lucro	Прибыль
Mercadoria	Товар
Moeda	Валюта
Orçamento	Бюджет
Rendimento	Доход
Venda	Продажа

Nutrição
Питание

Amargo	Горький
Apetite	Аппетит
Calorias	Калории
Carboidratos	Углеводы
Comestível	Съедобный
Dieta	Диета
Digestão	Пищеварение
Fermentação	Ферментация
Ingredientes	Ингредиенты
Líquidos	Жидкости
Molho	Соус
Nutriente	Нутриент
Peso	Вес
Proteínas	Белки
Qualidade	Качество
Sabor	Вкус
Saudável	Здоровый
Saúde	Здоровье
Toxina	Токсин
Vitamina	Витамин

Números
Цифры

Cinco	Пять
Decimal	Десятичный
Dez	Десять
Dezesseis	Шестнадцать
Dezessete	Семнадцать
Dezoito	Восемнадцать
Dois	Два
Doze	Двенадцать
Nove	Девять
Oito	Восемь
Quatorze	Четырнадцать
Quatro	Четыре
Quinze	Пятнадцать
Seis	Шесть
Sete	Семь
Treze	Тринадцать
Três	Три
Um	Один
Vinte	Двадцать
Zero	Нуль

Oceano
Океан

Alga	Водоросли
Atum	Тунец
Baleia	Кит
Barco	Лодка
Camarão	Креветка
Caranguejo	Краб
Coral	Коралл
Enguia	Угорь
Esponja	Губка
Golfinho	Дельфин
Marés	Приливы
Medusa	Медуза
Ostra	Устрица
Peixe	Рыба
Polvo	Осьминог
Recife	Риф
Sal	Соль
Tartaruga	Черепаха
Tempestade	Буря
Tubarão	Акула

Paisagens
Пейзажи

Cascata	Водопад
Caverna	Пещера
Colina	Холм
Deserto	Пустыня
Geleira	Ледник
Golfo	Залив
Iceberg	Айсберг
Ilha	Остров
Lago	Озеро
Mar	Море
Montanha	Гора
Oásis	Оазис
Oceano	Океан
Pântano	Болото
Península	Полуостров
Praia	Пляж
Rio	Река
Tundra	Тундра
Vale	Долина
Vulcão	Вулкан

Países #1
Страны #1

Alemanha	Германия
Brasil	Бразилия
Camboja	Камбоджа
Canadá	Канада
Egito	Египет
Equador	Эквадор
Espanha	Испания
Finlândia	Финляндия
Iraque	Ирак
Israel	Израиль
Itália	Италия
Índia	Индия
Mali	Мали
Marrocos	Марокко
Nicarágua	Никарагуа
Noruega	Норвегия
Panamá	Панама
Polônia	Польша
Senegal	Сенегал
Venezuela	Венесуэла

Países #2
Страны #2

Albânia	Албания
Dinamarca	Дания
França	Франция
Grécia	Греция
Haiti	Гаити
Indonésia	Индонезия
Irlanda	Ирландия
Jamaica	Ямайка
Japão	Япония
Laos	Лаос
Líbano	Ливан
México	Мексика
Nepal	Непал
Nigéria	Нигерия
Paquistão	Пакистан
Rússia	Россия
Síria	Сирия
Somália	Сомали
Ucrânia	Украина
Uganda	Уганда

Pássaros
Птицы

Avestruz	Страус
Águia	Орел
Cegonha	Аист
Cisne	Лебедь
Corvo	Ворона
Cuco	Кукушка
Flamingo	Фламинго
Frango	Курица
Gaivota	Чайка
Ganso	Гусь
Garça	Цапля
Ovo	Яйцо
Papagaio	Попугай
Pardal	Воробей
Pato	Утка
Pavão	Павлин
Pelicano	Пеликан
Pinguim	Пингвин
Pombo	Голубь
Tucano	Тукан

Pesca
Рыбалка

Água	Вода
Barbatanas	Плавники
Barco	Лодка
Brânquias	Жабры
Cesta	Корзина
Cozinhar	Повар
Equipamento	Оборудование
Exagero	Преувеличение
Fio	Провод
Gancho	Крюк
Isca	Приманка
Lago	Озеро
Mandíbula	Челюсть
Oceano	Океан
Paciência	Терпение
Peso	Вес
Praia	Пляж
Rio	Река
Temporada	Сезон

Plantas
Растения

Arbusto	Куст
Árvore	Дерево
Baga	Ягода
Bambu	Бамбук
Botânica	Ботаника
Cacto	Кактус
Feijão	Боб
Fertilizante	Удобрение
Flor	Цветок
Flora	Флора
Floresta	Лес
Folha	Лист
Folhagem	Листва
Grama	Трава
Hera	Плющ
Jardim	Сад
Musgo	Мох
Pétala	Лепесток
Raiz	Корень
Sol	Солнце

Política
Политика

Ativista	Активист
Campanha	Кампания
Candidato	Кандидат
Comitê	Комитет
Conselho	Совет
Escolha	Выбор
Estratégia	Стратегия
Ética	Этика
Governo	Правительство
Igualdade	Равенство
Impostos	Налоги
Liberdade	Свобода
Nacional	Национальный
Opinião	Мнение
Política	Политика
Político	Политик
Popularidade	Популярность
Vitória	Победа

Profissões #1
Профессии #1

Advogado	Адвокат
Artista	Художник
Astrônomo	Астроном
Banqueiro	Банкир
Bombeiro	Пожарный
Caçador	Охотник
Cartógrafo	Картограф
Cientista	Ученый
Dançarino	Танцор
Editor	Редактор
Embaixador	Посол
Encanador	Водопроводчик
Enfermeira	Медсестра
Geólogo	Геолог
Joalheiro	Ювелир
Marinheiro	Моряк
Músico	Музыкант
Pianista	Пианист
Psicólogo	Психолог
Veterinário	Ветеринар

Profissões #2
Профессии #2

Agricultor	Фермер
Astronauta	Астронавт
Bibliotecário	Библиотекарь
Biólogo	Биолог
Cirurgião	Хирург
Dentista	Стоматолог
Engenheiro	Инженер
Filósofo	Философ
Fotógrafo	Фотограф
Ilustrador	Иллюстратор
Inventor	Изобретатель
Investigador	Исследователь
Jardineiro	Садовник
Jornalista	Журналист
Linguista	Лингвист
Médico	Врач
Piloto	Пилот
Pintor	Художник
Professor	Учитель
Zoólogo	Зоолог

Psicologia
Психология

Avaliação	Оценка
Clínico	Клинический
Cognição	Познание
Comportamento	Поведение
Conflito	Конфликт
Ego	Эго
Emoções	Эмоции
Experiências	Опыт
Inconsciente	Без Сознания
Infância	Детство
Influências	Влияния
Pensamentos	Мысли
Percepção	Восприятие
Personalidade	Личность
Problema	Проблема
Realidade	Реальность
Sensação	Сенсация
Sonhos	Мечты
Subconsciente	Подсознание
Terapia	Терапия

Química
Химия

Alcalino	Щелочной
Ácido	Кислота
Calor	Жара
Carbono	Углерод
Catalisador	Катализатор
Cloro	Хлор
Elementos	Элементы
Elétron	Электрон
Enzima	Фермент
Gás	Газ
Hidrogênio	Водород
Íon	Ион
Líquido	Жидкость
Molécula	Молекула
Nuclear	Ядерный
Orgânico	Органический
Oxigénio	Кислород
Peso	Вес
Sal	Соль
Temperatura	Температура

Restaurante # 2
Ресторан #2

Aperitivo	Закуска
Água	Вода
Bebida	Напиток
Bolo	Торт
Cadeira	Стул
Colher	Ложка
Delicioso	Вкусный
Especiarias	Специи
Fruta	Фрукт
Garçom	Официант
Garfo	Вилка
Gelo	Лед
Jantar	Обед
Legumes	Овощи
Macarrão	Лапша
Ovo	Яйца
Peixe	Рыба
Sal	Соль
Salada	Салат
Sopa	Суп

Roupas
Одежда

Avental	Фартук
Blusa	Блуза
Calça	Брюки
Camisa	Рубашка
Casaco	Пальто
Chapéu	Шляпа
Cinto	Пояс
Colar	Ожерелье
Jaqueta	Куртка
Jeans	Джинсы
Luvas	Перчатки
Meias	Носки
Moda	Мода
Pijama	Пижама
Pulseira	Браслет
Saia	Юбка
Sandálias	Сандалии
Sapato	Обувь
Suéter	Свитер
Vestido	Платье

Saúde e Bem-Estar #1
Здоровье и Благополучие #1

Altura	Высота
Ativo	Активный
Bactérias	Бактерии
Clínica	Клиника
Doutor	Врач
Farmácia	Аптека
Fome	Голод
Fratura	Перелом
Hábito	Привычка
Hormones	Гормоны
Medicina	Медицина
Nervos	Нервы
Ossos	Кости
Pele	Кожа
Postura	Поза
Reflexo	Рефлекс
Relaxamento	Релаксация
Terapia	Терапия
Tratamento	Лечение
Vírus	Вирус

Saúde e Bem-Estar #2
Здоровье и Благополучие #2

Alergia	Аллергия
Anatomia	Анатомия
Apetite	Аппетит
Caloria	Калория
Corpo	Тело
Desidratação	Обезвоживание
Dieta	Диета
Digestão	Пищеварение
Doença	Болезнь
Energia	Энергия
Genética	Генетика
Higiene	Гигиена
Hospital	Больница
Humor	Настроение
Infecção	Инфекция
Massagem	Массаж
Peso	Вес
Sangue	Кровь
Saudável	Здоровый
Vitamina	Витамин

Tempo
Время

Agora	Сейчас
Ano	Год
Antes	До
Anual	Ежегодный
Calendário	Календарь
Década	Десятилетие
Dia	День
Futuro	Будущее
Hoje	Сегодня
Hora	Час
Manhã	Утро
Meio-Dia	Полдень
Mês	Месяц
Minuto	Минута
Momento	Момент
Noite	Ночь
Ontem	Вчера
Relógio	Часы
Semana	Неделя
Século	Век

Tipos de Cabelo
Типы Волос

Branco	Белый
Brilhante	Блестящий
Cachos	Кудри
Careca	Лысый
Cinza	Серый
Colori	Цветной
Curto	Короткая
Encaracolado	Кудрявый
Fino	Тонкий
Grosso	Толстый
Loiro	Блондин
Longo	Длинный
Marrom	Коричневый
Prata	Серебро
Preto	Черный
Saudável	Здоровый
Seco	Сухой
Suave	Мягкий
Trançado	Плетеный
Tranças	Косы

Universo
Вселенная

Asteróide	Астероид
Astronomia	Астрономия
Astrônomo	Астроном
Atmosfera	Атмосфера
Celestial	Небесный
Céu	Небо
Cósmico	Космический
Equador	Экватор
Galáxia	Галактика
Hemisfério	Полусфера
Horizonte	Горизонт
Latitude	Широта
Longitude	Долгота
Lua	Луна
Órbita	Орбита
Solar	Солнечный
Solstício	Солнцестояние
Telescópio	Телескоп
Visível	Видимый
Zodíaco	Зодиак

Vegetais
Овощи

Abóbora	Тыква
Aipo	Сельдерей
Alcachofra	Артишок
Alho	Чеснок
Batata	Картофель
Beringela	Баклажан
Brócolis	Брокколи
Cebola	Лук
Cenoura	Морковь
Chalota	Шалот
Cogumelo	Гриб
Ervilha	Горох
Espinafre	Шпинат
Gengibre	Имбирь
Nabo	Репа
Pepino	Огурец
Rabanete	Редис
Salada	Салат
Salsa	Петрушка
Tomate	Помидор

Veículos
Транспортные Средства

Avião	Самолет
Balsa	Паром
Barco	Лодка
Bicicleta	Велосипед
Caminhão	Грузовик
Caravana	Караван
Carro	Автомобиль
Foguete	Ракета
Furgão	Фургон
Helicóptero	Вертолет
Jangada	Плот
Lambreta	Скутер
Metrô	Метро
Motor	Мотор
Ônibus	Автобус
Pneus	Шины
Táxi	Такси
Transporte	Челнок
Trator	Трактор

Xadrez
Шахматы

Branco	Белый
Campeão	Чемпион
Concurso	Конкурс
Desafios	Проблемы
Diagonal	Диагональ
Estratégia	Стратегия
Jogador	Игрок
Jogo	Игра
Oponente	Оппонент
Passivo	Пассивный
Pontos	Точки
Preto	Черный
Rainha	Королева
Regras	Правила
Rei	Король
Sacrifício	Жертва
Tempo	Время
Torneio	Турнир

Parabéns

Conseguiu!

Esperamos que tenha gostado tanto deste livro como nós gostamos de o desenhar. Esforçamo-nos por criar livros da mais alta qualidade possível.
Esta edição foi concebida para proporcionar uma aprendizagem inteligente, de qualidade e divertida!

Gostou deste livro?

Um simples pedido

Estes livros existem graças às críticas que publica.
Pode ajudar-nos, deixando agora uma revisão?

Aqui está um pequeno link para
a sua página de revisão:

BestBooksActivity.com/Avaliacoes50

DESAFIO FINAL!

Desafio n° 1

Está pronto para o seu jogo grátis? Usamo-los a toda a hora, mas não são tão fáceis de encontrar - aqui estão os **Sinônimos!**
Escreva 5 palavras que encontrou nos puzzles (n° 21, n° 36, n° 76) e tente encontrar 2 sinónimos para cada palavra.

Escreva 5 palavras de **Puzzle 21**

Palavras	Sinônimo 1	Sinônimo 2

Escreva 5 palavras de **Puzzle 36**

Palavras	Sinônimo 1	Sinônimo 2

Escreva 5 palavras de **Puzzle 76**

Palavras	Sinônimo 1	Sinônimo 2

Desafio n° 2

Agora que já aqueceu, escreva 5 palavras que encontrou nos Puzzles (n° 9, n° 17 e n° 25) e tente encontrar 2 antônimos para cada palavra. Quantos se podem encontrar em 20 minutos?

Escreva 5 palavras de *Puzzle 9*

Palavras	Antônimo 1	Antônimo 2

Escreva 5 palavras de *Puzzle 17*

Palavras	Antônimo 1	Antônimo 2

Escreva 5 palavras de *Puzzle 25*

Palavras	Antônimo 1	Antônimo 2

Desafio n° 3

Óptimo! Este desafio final não é nada para si.

Pronto para o desafio final? Escolha 10 palavras que tenha descoberto nos diferentes puzzles e escreva-as abaixo.

1.	6.
2.	7.
3.	8.
4.	9.
5.	10.

Agora escreva um texto a pensar numa pessoa, num animal ou num lugar de seu agrado.

Pode utilizar a última página deste livro como um rascunho.

A Sua Composição:

CADERNO DE NOTAS:

ATÉ BREVE!

A equipa Inteira

DESCUBRA JOGOS GRATUITOS

GO

BESTACTIVITYBOOKS.COM/FREEGAMES